영어 독해력 증강 프로그램
행복한 명작 읽기 **39**

레 미제라블

Les Miserables

다락원

행복한 명작 읽기

　어린 시절 누구나 한번쯤 읽게 되는 아름다운 동화와 명작은 훗날 어른이 되어서도 따뜻한 기억으로 가슴에 남기 마련이죠. 이제 영어로 다시 한번 명작의 세계에 빠져 보는 건 어떨까요? 한글 번역본에서는 절대 느낄 수 없는 원작의 깊이를 그 느낌 그대로 맛볼 수 있고, 이미 알고 있는 이야기라 어렵지 않습니다. 즐겁게 읽어 나가는 사이에 독해력이 쑥쑥 자라는 것은 기본이죠.
　「행복한 명작 읽기」 시리즈는 기초가 약한 영어 초급자나 초, 중, 고등학생이 보다 즐겁고 효과적으로 영어 명작을 읽으며 독해력을 키울 수 있도록 개발된 독해력 증강 프로그램입니다.
　초보자를 위한 250단어 수준에서 중고급자를 위한 1,000단어 수준까지 6단계로 구성되어 있는 이 프로그램은 단계별로 효과적인 영어 읽기 요령을 제시하고 영문 고유의 참맛을 느낄 수 있는 장치가 곳곳에 배치되어 있습니다. 영어 표현 및 문법에 대한 친절한 설명, 어휘 학습과 내용의 이해를 돕는 퀴즈, 그리고 매 페이지 펼쳐지는 멋진 그림까지 어디 한군데 소홀함 없이 구성했습니다. 여기에 권말 특별부록 '리스닝 길잡이'를 곁들여, 읽기에서 그치지 않고 체계적인 듣기 학습까지 아우르고 있습니다. QR코드를 찍어 전문 미국 성우들의 생동감 넘치는 음성으로 본문을 들어 보세요.
　본문은 단계별 독자들의 수준을 고려하여 원어민 전문 필진이 교육부 선정 어휘를 가지고 표준 미국식 영어로 리라이팅하였기 때문에 정규 교과 학습에도 큰 도움이 될 것입니다. 「행복한 명작 읽기」를 통해 영어를 읽고 듣는 재미에 푹 빠져 보시기 바랍니다.

행복한 명작 읽기 연구회

Introduction

이 책의 저자

빅토르 위고 (1802~1885)
Victor Hugo

프랑스의 시인이자 소설가이자 극작가로 유명한 빅토르 위고는 나폴레옹을 숭배하는 아버지와 왕당파 집안 출신의 어머니 사이에서 셋째 아들로 태어났다. 그가 군인이 되기를 희망한 아버지의 뜻과 달리 위고는 문학에 흥미를 가졌고, 1822년 첫 시집 《오드》를 출판하여 문단에 데뷔하였다. 이후 그는 약 20년 동안 다수의 시집과 소설, 희곡 등을 발표했는데, 1843년 딸 레오포르딘의 죽음으로 인해 약 10년 간은 정치에 전념한다. 그러다 1851년 루이 나폴레옹의 쿠데타에 반대하여 저항운동을 벌이던 위고는 결국 국외 추방령을 받고, 19년 간 망명 생활을 하였다.

이 시기에 그는 창작활동에 열중한다. 그의 주요 작품들 대부분은 이 시기에 집필되었으며, 《노트르담 드 파리》(1831)와 함께 불후의 명작으로 꼽히는 장편소설 《레 미제라블》(1862)도 바로 이때 완성된 것이다.

1885년 83세의 나이로 세상을 떠난 위고의 장례식은 파리 시민들의 애도와 추모를 받는 가운데 국장으로 치러졌으며, 그의 시신은 국가 영웅들이 묻히는 국립묘지 팡테옹에 안장되었다.

「레 미제라블」은 '불쌍한 사람들(Les Miserables)'이란 뜻으로, 원작은 총 5부 10권의 방대한 양으로 구성되어 있다.

이 작품은 약자에 대한 애정과 이상적인 사회를 건설하려는 열정에서 창작된 사회적이고 종교적인 작품이자, 위고의 사상이 집대성된 작품으로 평가된다.

가난 때문에 빵 한 조각을 훔친 것을 계기로 19년 간의 감옥 생활을 한 장발장은 출소하자마자 사회에 대한 복수심으로 자신을 따뜻하게 대해 준 미리엘 주교의 집에서 은식기를 훔쳐 달아난다. 하지만 주교는 다시 체포되어 온 그를 용서하고, 이에 감동한 장발장은 자신의 죄를 회개하며 새로운 삶을 시작한다. 한 마을에서 유리공장 경영에 성공한 장발장은 시장까지 되는데, 어느 날 한 사내가 자기 대신 장발장이라는 누명을 쓰고 재판을 받게 되자 자신의 정체를 자백하고 체포된다.

그 후 다시 탈옥한 장발장은 한때 유리공장의 여직공이었던 팡틴의 딸 코제트를 비참한 환경에서 구해내어 함께 행복한 생활을 한다. 하지만 예전부터 장발장의 정체를 의심해온 자베르 경감의 추적은 계속되고, 세월이 흘러 아름다운 숙녀로 자란 코제트는 마리우스라는 청년과 사랑에 빠지게 되는데….

How to Use This Book
이 책, 이렇게 보세요

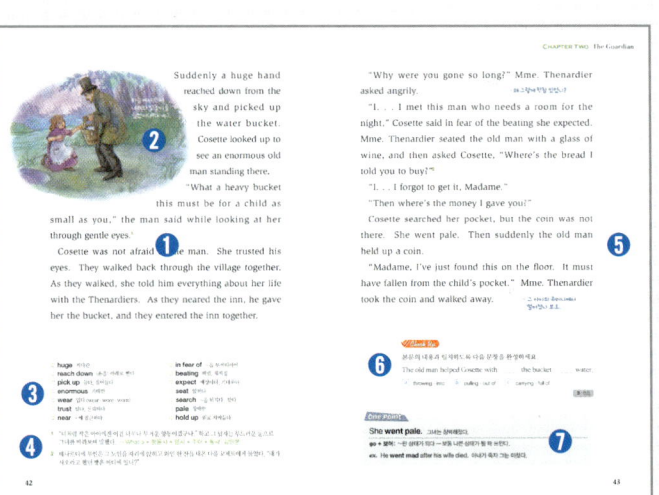

① 영어 본문
구문별·문장별로 행이 구분되어 있어 의미를 파악하기 쉽습니다.

② 해석 도우미
영문의 포인트 및 뉘앙스를 재미있게 설명했습니다.

③ 어휘 설명
초등 필수 어휘 이상의 단어와 표현은 해당 의미를 명기했습니다.

④ 문장 해석
다소 복잡하거나, 전체 줄거리의 핵심이 되는 문장은 해석을 달았습니다. 조그맣게 어깨 번호가 있는 문장은 하단을 확인해 보세요.

⑤ RESPONSE NOTES
독자의 공간입니다. 영문을 읽어 나가다가 궁금한 점, 기억해 두어야 할 것을 메모하세요.

⑥ Check-Up
내용 파악이 잘 되었는지 확인하는 퀴즈입니다.

⑦ One Point
주요 문법사항이나 표현에 대한 심층 분석 코너. 어려운 문법도 알기 쉽게 정리됩니다.

> **MP3 무료 다운로드**
> MP3 파일을 다락원 홈페이지(www.darakwon.co.kr)에서 다운로드받을 수 있습니다. 스마트폰으로 표지의 QR코드를 찍으면 다락원 홈페이지로 바로 연결되어 MP3를 재생할 수 있습니다.

How to Improve Reading Ability

왕초보를 위한 독해 가이드

1단계 군더더기는 필요 없다, 키워드를 잡아라.

문장 중 핵심어를 통해 대략적인 의미를 잡아내는 연습을 해보자. 단어 몇 개를 보고 무슨 내용인지 짐작해 보는 게 무슨 실력이냐 하겠지만, 큰 효과가 있다. 계속 해나가다 보면 우연히 맞힌 게 아니라, 실력으로 맞힌 것임을 알게 될 것이다.

2단계 길면 쪼개라.

문장을 의미 단위별로 끊어서 읽는다. 이 책은 의미 단위에 맞춰 행이 바뀌어 있다. 행이 바뀌는 게 거슬리는 순간, 여러분은 다음 단계로 올라가면 된다.
이때 앞에서부터 차례로 의미를 파악하는 습관을 들인다. 문장을 거슬러 올라오면서 해석하는 버릇이 들면, 읽는 시간이 오래 걸릴 뿐 아니라 리스닝할 때 큰 난관에 부딪히게 된다.

3단계 넘겨 짚는 것도 능력이다, 모르면 때려 맞춰라.

모르는 단어가 나와도 바로 사전을 찾지 말자. 문맥 속에서 유추하는 능력도 길러야 한다. 전혀 모르겠는 문장도 일단 어떤 이야기일 것이라고 생각해 본 다음, 해석을 확인하거나 사전을 찾도록 한다.

4단계 많이, 여러 번 읽어라.

영어를 정복하는 지름길은 없다. 많이 읽고, 여러 번 읽는 자만이 정상에 오를 수 있다. 꾸준히 영어를 접하다 보면 자기도 모르는 사이에 영어 실력이 쑤욱 올라간 느낌을 경험하게 될 것이다.

contents

Introduction 4
How to Use This Book 이 책, 이렇게 보세요 6
How to Improve Reading Ability 왕초보를 위한 독해 가이드 7

        Before you read 10

MP3 001 **Chapter One**
        Two Desperate Souls 12
        Comprehension Quiz 28

MP3 002 **Chapter Two**
        The Guardian 30
        Comprehension Quiz 48

        Understanding the Story 50

MP3 003 **Chapter Three**
        The Parisians 52
        Comprehension Quiz 74

MP3 004 **Chapter Four**
        The Lovers & Revolution 76
        Comprehension Quiz 98

        Understanding the Story 100

MP3 005 **Chapter Five**
        Redemption 102
        Comprehension Quiz 120

권말 부록
독해 길잡이 124
리스닝 길잡이 128
    즐거운 리스닝 연습 130
MP3 006 | Listening Comprehension 134

전문 번역 138

Les Miserables

레 미제라블

Before You Read

《레 미제라블》의 주인공들이 여러분께 자기 소개를 합니다. 반갑게 맞아 주세요.

Jean Valjean 장발장

I spent 19 years in prison, but now that I've gotten out, I want to change my life and become a good man. I try to help the poor and take care of my dear Cosette.

난 감옥에서 19년을 보냈소. 하지만 이젠 나왔으니까 내 삶을 바꿔 좋은 사람이 되고 싶소. 난 가난한 사람들을 돕고, 나의 소중한 코제트를 돌보는 일에 힘쓰고 있소.

spend (시간을) 보내다　prison 감옥　get out 나오다　the poor 가난한 사람들　take care of ~을 돌보다

Cosette 코제트

I grew up neglected in the Thenardiers' inn, but Jean Valjean rescued me. We have a happy life together, but we're always moving, like we're running from something.

난 테나르디에 부부의 여관에서 무시당하며 자랐는데, 장발장이 날 구해 줬어요. 우린 함께 행복하게 살고 있지만, 늘 이사를 다녀요. 마치 무언가에서 달아나는 것처럼요.

grow up 자라다, 성장하다　neglect 무시하다　inn 여관　rescue 구출하다　life 삶, 생활　move 이사하다

Inspector Javert 자베르 경감

I'm a policeman, and I've been chasing Jean Valjean for years. Somehow, he always seems to escape from me, but I won't give up. I'll find him if it's the last thing I do.

난 경찰이고, 수년 동안 장발장을 추격해 왔소. 그는 어떻게든 늘 나한테서 도망치는 것 같지만, 난 포기하지 않을 거요. 그게 내가 할 마지막 일이라면, 난 그를 찾을 거요.

chase 뒤쫓다, 추격하다   somehow 어떻게든, 어쩐지   seem to부정사 ~하는 것처럼 보이다
escape from ~에서 도망치다   give up 포기하다

Marius 마리우스

Even though my grandfather and I don't get along any more, that's all right because I'm in love with Cosette. I want to marry her, but it's hard to find her since she and her father are always moving.

할아버지와 내가 더 이상 사이좋게 지내지 못해도 괜찮습니다. 난 코제트를 사랑하니까요. 난 그녀와 결혼하고 싶은데, 그녀와 그녀의 아버지가 늘 이사 다니기 때문에 그녀를 찾기가 힘들군요.

even though 비록 ~이지만   get along 사이좋게 지내다   be in love with ~를 사랑하다
marry ~와 결혼하다

Thenardier 테나르디에

Ever since Jean Valjean took Cosette from my inn, my family has been poor. I have to do many things, including stealing, to get money for my family.

장발장이 내 여관에서 코제트를 데려가 버린 후, 우리 가족은 가난하게 살았어. 난 가족이 먹고 살 돈을 마련하기 위해 도둑질을 포함해서 많은 일들을 해야 해.

ever since ~이후로   take 데려가다   have to부정사 ~해야 한다   include 포함하다
steal 훔치다, 도둑질하다

CHAPTER ONE

Two Desperate Souls

RESPONSE NOTES

40대에
튼튼한 체격의
소유자.

One cold evening in October of 1815, a man with a long beard and dirty clothes walked into the French town of Digne.¹ The man was in his forties and very strong. He carried a bag and a walking staff.

The man entered an inn and said to the innkeeper, "I've been traveling for a long time, and I'm very tired. I need a meal and a place to sleep. I have money to pay you."

The innkeeper looked closely at the strange man. "I know who you are. You are Jean Valjean. You've just been released from prison.² I don't serve people like you! Get out of here immediately!"

- desperate 필사적인, 절망적인
- soul 영혼
- beard 턱수염
- walking staff 보행용 지팡이
- inn 여인숙, 여관
- innkeeper 여관 주인
- release 석방하다, 풀어놓다
- prison 감옥
- serve (손님을) 시중들다, 접대하다
- get out of ~에서 나가다
- immediately 즉시
- peacefully 평화롭게, 온화하게
- rest 쉬다
- lie down 눕다 (lie-lay-lain)
- wooden 나무의, 나무로 만든
- difference 차이

Jean Valjean left peacefully. Outside it was dark, cold, and windy. He was desperate for a place to rest. He lay down on a stone bench in front of a church and tried to sleep. But a woman came out and asked, "How can you sleep outside on that stone bench?"

"I've been sleeping on a wooden one in prison for nineteen years. What's the difference?"

쉴 곳이 절실해 (desperate).

그런 돌 벤치에서 어떻게 자요?

1 1815년 10월 어느 추운 저녁, 긴 수염에 더러운 옷을 입은 한 남자가 프랑스의 디뉴라는 마을로 들어섰다.
2 당신은 이제 막 감옥에서 풀려났지. → have been + 과거분사: 수동태 현재완료

One Point

I've been sleeping on a wooden one in prison for nineteen years. 난 19년 동안 감옥의 나무 의자에서 잤소.

have been –ing: 현재완료진행 → 과거에서 시작되어 현재까지 계속되는 일을 나타낼 때 쓴다.

ex. He **has been waiting** for you for two hours. 그는 두 시간째 널 기다리고 있어.

The woman pointed to a small house next to the church. "You could stay there," she said.

The Bishop of Digne was a gentle, old man who lived with his sister and a servant. He helped anyone who was in need, and he never locked his doors.[1]

That evening, he was sitting by the fire when his sister said, "Brother, people are saying there's a terrible man in town. The police have told everyone to lock their doors and windows."

But the bishop only smiled. Suddenly there was a loud knock at the door.

"Come in," said the bishop.

The bishop's sister and servant trembled when Jean Valjean walked into their house, but the bishop was calm.[2]

"I am Jean Valjean," said the stranger. "I've just been released from prison after nineteen years. I've been walking for four days, and I desperately need a place to rest. Can you help me?"

- point to ~을 가리키다
- bishop 주교
- gentle 부드러운
- servant 하인, 하녀
- lock 잠그다
- terrible 끔찍한, 무서운
- knock 문 두드리는 소리
- tremble 떨다
- calm 차분한, 평온한
- stranger 낯선 사람, 이방인
- warm oneself 몸을 따뜻하게 하다
- monsieur ~씨, ~님, ~귀하

CHAPTER ONE Two Desperate Souls

The bishop told his servant to set another place at the table for Valjean.³ "Sit down, and warm yourself, Monsieur Valjean," said the bishop. "Dinner will be ready soon."

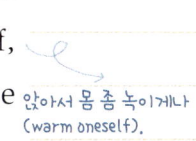
앉아서 몸 좀 녹이게나
(warm oneself).

✓ Check Up

본문의 내용과 일치하도록 빈칸에 알맞은 말을 쓰세요.

Valjean found no place to _____ because he had just been released from prison.

정답: rest

1 그는 곤경에 처한 사람은 누구든 도와주었고 문을 절대 잠그지 않았다.
   → in need: 곤궁한, 궁핍한
2 장발장이 그들의 집으로 들어왔을 때 주교의 여동생과 하녀는 덜덜 떨었지만 주교는 침착했다.
3 주교는 하녀에게 장발장을 위해 식탁에 자리를 하나 더 마련하라고 말했다.
   → set a place: 자리를 준비하다

After the big meal, Valjean began to relax and look around the small house. The bishop's house was not luxurious, but he could see the valuable set of silver knives, forks, and candlesticks at the table.[1] Then he noticed the bishop's servant putting the silverware away in a cabinet.

The bishop handed one of the candlesticks to Valjean. "Here, this will light your way. Follow me to the spare bedroom," said the bishop.

- relax (긴장이) 풀리다, 나른해지다
- luxurious 사치스러운
- valuable 값비싼, 귀중한
- candlestick 촛대
- notice 알아채다
- put away 치우다
- silverware 은식기
- cabinet 장식장, 캐비닛
- hand 건네주다
- light 비추다 (light-lit-lit)
- follow 따라가다
- spare 예비의, 여분의
- a bowl of 한 사발의
- fall asleep 잠들다 (fall-fell-fallen)
- even though 비록 ~이지만
- exhausted 기진맥진한, 몹시 지친

CHAPTER ONE Two Desperate Souls

Once they were in the room, the bishop said, "Good night. And don't forget to have a bowl of our fresh cow's milk before you leave tomorrow."

Valjean was so tired that he fell asleep with his clothes on.² But even though he was exhausted, he woke up only a few hours later. Unable to sleep, he brooded about his past. Life had been terribly unfair to him, and he was still furious about it.

In 1795, Valjean had lost his job as a lumberjack. But at that time he had been supporting his widowed sister and her seven children. He was caught stealing loaves of bread to feed them and had lost the best years of his life for that.³

- **unable to** 부정사 ~할 수 없는
- **brood** 골똘히 생각하다
- **unfair** 불공평한
- **furious** 분노한, 화내어 날뛰는
- **lumberjack** 벌목꾼
- **support** 부양하다; 후원하다
- **widowed** 미망인이 된
- **steal** 훔치다 (steal-stole-stolen)
- **a loaf of** 한 덩어리의 (복수형: loaves of)
- **feed** 먹이다 (feed-fed-fed)

1 주교의 집은 호화롭진 않았지만, 장발장은 식탁 위에 놓인 값진 은 나이프와 포크와 촛대를 보았다.
2 장발장은 너무 피곤해서 옷을 입은 채 잠이 들었다. → so... that절: 너무 …해서 ~하다
3 그는 그들에게 먹일 빵을 훔치다 붙잡혔고, 그 때문에 자기 인생의 가장 소중한 시간을 잃어 버렸다.

Valjean wanted revenge on the whole world! Then he thought of the bishop's valuable silverware and thought of a plan.

Valjean got out of bed and moved quietly around the house with his shoes off. In his hand, he held a short iron bar that was sharp on one end. He went into the bishop's room and held the bar over the sleeping man's head. But the bishop's sleeping face looked so peaceful and kind that Valjean could not kill him. So he stuffed the valuable silver knives and forks into his bag and escaped by climbing through the garden in back of the house.[1]

The next morning, the bishop was sadly examining some flowers in the garden that had been damaged during Valjean's escape.

"Bishop," cried his servant, "do you know that your precious silverware has been stolen? That man who stayed here last night must have taken it!"[2]

- **revenge** 복수
- **hold** 쥐다, 잡다 (hold-held-held)
- **iron bar** 쇠막대
- **stuff** 채워 넣다
- **escape** 도망치다; 도망
- **examine** 조사하다, 관찰하다
- **damage** 손해[피해]를 입히다
- **precious** 귀중한, 값비싼
- **sergeant** 하사관, 경사
- **criminal** 범죄자

1 그래서 그는 값진 은 나이프와 포크를 가방에 쑤셔 넣고 집 뒤에 있는 정원을 기어서 도망쳤다.
2 어젯밤 이곳에 묵었던 남자가 그것을 가져간 게 틀림없어요!
→ must have + 과거분사: ~했음에 틀림없다

CHAPTER ONE Two Desperate Souls

"Yes, I know," said the bishop. "But I think it was wrong of me to keep that expensive silverware for so long."[3]

Later that morning, four policemen and Valjean came back to the bishop's house. "Bishop," said the police sergeant, "we caught this criminal with some valuable silverware. Is it yours?"

은식기를 갖고 있는 이 범죄자를 붙잡았습니다.

The bishop smiled at Valjean, "Dear friend, you forgot to take these silver candlesticks. They will bring you at least 200 francs."

✔ Check Up

본문의 내용과 맞으면 T, 틀리면 F를 쓰세요.

a. Valjean stole the silver candlesticks. ____
b. The bishop reported Valjean to the police. ____

정답: a. F b. F

3 하지만 내가 그렇게 값비싼 은식기를 너무 오랫동안 갖고 있었던 게 잘못이었지.

Valjean and the policemen's eyes widened in disbelief. "Sir, are you saying that you gave this silverware to this man?" asked the sergeant.

"Yes, absolutely. You must let him go."

Then the policemen left. The bishop walked up close to Valjean and said, "Now you must use this money to make yourself an honest man. I've bought your soul from the devil and given it to God."

Jean Valjean wandered into the countryside feeling confused. When the world had been unfair to him and he had been very angry, things had made sense to him.[1] But now that he had been shown such great kindness, he didn't know what to do.

Then as he crossed a large field, Valjean encountered a ten-year-old boy. The boy was walking, whistling, and happily tossing a silver coin into the air and catching it.[2] Valjean held out his hand and caught the boy's coin.

- **widen** (눈이) 둥그레지다
- **in disbelief** 불신하여, 믿을 수 없이
- **absolutely** 물론, 그렇고말고
- **devil** 악마
- **wander** 돌아다니다, 헤매다
- **confused** 혼란스러운, 혼동된
- **now that...** 이제 ~이니까
- **encounter** 마주치다
- **whistle** 휘파람 불다
- **toss** (가볍게) 던지다
- **chimney sweep** 굴뚝 청소부
- **strike** 치다 (strike-struck-struck)
- **frightened** 깜짝 놀란, 겁이 난
- **out of sight** 안 보이는
- **call for** 큰 소리로 부르다
- **weep** 눈물을 흘리다 (weep-wept-wept)

CHAPTER ONE Two Desperate Souls

"Please sir, give me my coin back. I'm just a chimney sweep, and it's all the money I have."

그 동전은 제 전 재산이에요.

"Go away," said Valjean.

"But Monsieur. . . please!" cried the boy.

Valjean raised his stick to strike the boy. The boy became very frightened and ran away. Once the boy was out of sight, Valjean looked at the coin in his hand. He could not believe what he had done. He called for the boy to come back, but the boy was gone. He sat down exhausted on a rock, and for the first time in nineteen years, he wept.³

내가 무슨 짓을 한 거지?

1 세상이 그에게 불공평해서 아주 화가 나 있을 때, 모든 것은 앞뒤가 맞았다.
   → make sense: 이치에 닿다
2 그 소년은 휘파람을 불며 즐겁게 은화를 공중에 던졌다 받았다 하면서 걸어가고 있었다.
3 그는 지친 나머지 바위에 앉아 19년 만에 처음으로 눈물을 흘렸다.
   → for the first time: 처음으로

21

In the year 1818, in a small village named Montfermeil near Paris, two small girls were playing on a swing. It was a lovely spring evening. Their mother was a plain-looking woman with red hair. She sat nearby watching them from in front of the small inn where they lived.¹

Suddenly a young woman approached her and said, "Madam, your girls are very pretty."

The young woman was holding a sleeping child in her arms. But she looked poor and unhappy.

"Thank you," said the girls' mother. "Sit down, and take a rest. You look tired."

- **swing** 그네
- **plain-looking** 평범하게 생긴
- **nearby** 근처에; 가까운
- **approach** 다가오다
- **take a rest** 쉬다
- **introduce** 소개하다
- **Mme.** 부인, 마님(= madame)
- **manage** 경영하다, 운영하다
- **in truth** 실제로, 사실은
- **lie** 거짓말하다
- **pregnant** 임신한
- **run away** 도망치다 (run-ran-run)
- **unmarried** 미혼의
- **giggle** 낄낄 웃다

CHAPTER ONE Two Desperate Souls

The young woman sat down and introduced herself. Her name was Fantine.

"My name is Mme. Thenardier," said the woman with two daughters. "My husband and I manage this inn."

Fantine told the woman that she used to work in Paris, but her husband died, and she lost her job.[2] But she was lying. In truth, she had gotten pregnant by a young man who ran away. It was very hard for unmarried women with children at this time.[3]

Then Fantine's little girl woke up. Her eyes were big and blue like her mother's. The little girl giggled and jumped off her mother's lap. She ran to play with the two girls on the swing.

Check Up

본문의 내용과 맞는 것은?

a The Thenardiers were running an inn.
b Fantine was a divorced woman.
c Fantine wanted to work at an inn.

1 그녀는 자신들이 살고 있는 작은 여관 앞에서 그들을 지켜보며 근처에 앉아 있었다.
2 팡틴은 그 여자에게 자신은 파리에서 일을 했었지만, 남편이 죽고 일자리를 잃었다고 말했다.
   → used to + 동사원형: 예전에 ~했다
3 이 시절에 결혼하지 않고 아이를 낳은 여자들은 살기가 아주 힘들었다.

"What's your daughter's name?" asked Mme. Thenardier.

"Her name is Cosette. She's nearly three."

The two women watched their children playing together. Mme. Thenardier laughed, "Look at how easily they play. They could be sisters."

These words made Fantine do something very strange. Suddenly she grasped the other woman's hand and asked, "Could you possibly take care of her for me? I must find work, and it's almost impossible for a woman with a child and no husband.[1] I'll get her as soon as I have a job. I have enough money to pay you six francs per month!"

Mme. Thenardier did not answer. She did not know what to say. But her husband was standing behind them. "We'll take care of her for seven francs a month if you pay six months in advance."[2]

Fantine took the money from her purse.

- **nearly** 거의
- **grasp** 붙잡다, 움켜잡다
- **take care of** ~을 돌보다
- **impossible** 불가능한
- **in advance** 미리
- **purse** 지갑
- **M.** ~씨 (= monsieur)
- **debt** 빚
- **avoid 동명사** ~하는 것을 피하다
- **trick** 속이다
- **intend to부정사** ~할 의도이다
- **reply** 대답하다 (reply-replied-replied)

1 전 일자리를 찾아야 하는데, 남편 없고 애 딸린 여자에겐 거의 불가능한 일이에요.
2 당신이 여섯 달치를 먼저 지불한다면, 한 달에 7프랑에 그 아이를 돌봐 주겠소.

CHAPTER ONE Two Desperate Souls

The next morning, Fantine said goodbye to her daughter, kissing her and crying as if her heart were breaking.³

"We need this money," said M. Thenardier to his wife. "Now I can pay my debts and avoid going to prison. You did a good job tricking that lady."

"Although I hadn't intended to," replied his wife.

---

3 다음 날 아침 팡틴은 딸에게 작별인사를 했다. 아이에게 키스하면서 그녀는 가슴이 찢어지는 듯 울었다. → as if + 가정법: 마치 ~처럼(가정법 과거에서 be동사는 항상 were를 쓴다.)

One Point

I'll get her **as soon as** I have a job. 일자리를 구하자마자 그 애를 데려갈게요.

as soon as + 주어 + 동사: ~하자마자

ex. She ran away **as soon as** she saw me. 그녀는 날 보자마자 달아났어요.

A month later, M. Thenardier needed more money, so he sold Cosette's clothes for sixty francs. They dressed the little girl in rags and made her eat scraps of food under the table with the dog and the cat.¹

In the meantime, Fantine began working at a factory in a city far away. She sent letters and money for her daughter every month. The Thenardiers began to ask for more money, and Fantine gladly paid it. They told Fantine they treated her daughter well. But in truth, while they treated their own daughters, Eponine and Azelma, very well, they treated little Cosette like a slave.

- **sell** 팔다 (sell-sold-sold)
- **rags** 〈복수형〉 누더기 옷, 헌 옷
- **scraps** 〈복수형〉 먹다 남은 음식
- **in the meantime** 그러는 사이에, 한편
- **factory** 공장
- **ask for** ~을 요구하다
- **treat** ~을 대하다, 다루다
- **slave** 노예
- **keep A a secret** A를 비밀로 하다
- **discover** 발견하다
- **unwed** 미혼의
- **fire** 해고하다; 불, 난로
- **save** 모으다, 저축하다
- **sew** 바느질하다 (sew-sewed-sewn)
- **wig-maker** 가발 제조업자
- **medicine** 약
- **make money** 돈을 벌다
- **demand** 요구하다

CHAPTER ONE Two Desperate Souls

Fantine was careful to keep her daughter a secret at the factory where she worked.² But the women there finally discovered that she was an unwed mother and told everyone. Fantine was fired from her job and couldn't find another one anywhere.

That winter, Fantine went without a fire in her little room just to save a little more money for Cosette.³ She earned a little money sewing shirts, but it wasn't enough. She went to a wig-maker and sold her hair for ten francs. Then she got a letter from the Thenardiers saying that Cosette was very ill and needed forty francs for medicine.⁴ This made Fantine very desperate. She sold her two front teeth.

After her hair and teeth were gone, Fantine had few ways of making money. But the Thenardiers kept demanding more money. So Fantine began to sell the only thing she had left, her body.

---

1 그들은 어린 소녀에게 누더기 옷을 입혔고 식탁 밑에서 개, 고양이와 함께 음식 찌꺼기를 먹게 했다. → make A 동사원형: A에게 ~하도록 시키다
2 팡틴은 자신이 일하는 공장에 딸이 있다는 사실을 비밀로 하기 위해 조심했다.
3 그해 겨울, 팡틴은 코제트를 위해 조금이라도 더 돈을 모으려고 작은 방에서 난로 없이 지냈다. → go without: ~없이 지내다
4 그후 그녀는 테나르디에 부부에게서 코제트가 많이 아파, 약을 사는 데 40프랑이 필요하다는 편지를 받았다. → saying: ~라고 쓰여 있는

CHAPTER ONE Comprehension Quiz

A 각 인물에 대한 설명으로 맞는 것을 찾아 연결하세요.

❶ Jean Valjean • • ⓐ an old man who always helps everybody in need

❷ Fantine • • ⓑ a man who manages a small inn and needs lots of money

❸ the Bishop of Digne • • ⓒ a criminal who was in prison for nineteen years

❹ Cosette • • ⓓ a young woman who got pregnant by a man who ran away

❺ M. Thenardier • • ⓔ the daughter of Fantine

B 다음 문장을 사건이 일어난 순서에 따라 다시 배열하세요.

❶ The Thenardiers wrote a letter that they needed more money to buy medicine for Cosette.

❷ Fantine sent the Thenardiers money every month.

❸ Fantine lost her job at the factory where she worked.

❹ Fantine asked the Thenardiers to take care of her daughter.

❺ Fantine began to sell her body.

_____ ⇨ _____ ⇨ _____ ⇨ _____ ⇨ _____

*A*nswers

A   ❶ - ⓒ   ❷ - ⓓ   ❸ - ⓐ   ❹ - ⓔ   ❺ - ⓑ
B   ❹ ⇨ ❷ ⇨ ❸ ⇨ ❶ ⇨ ❺

C 다음 질문에 알맞은 답을 고르세요.

❶ What did Jean Valjean steal from the Bishop of Digne's house?

(a) Money

(b) Valuable silverware

(c) Two silver candlesticks

❷ What was the job of the boy from whom Jean Valjean stole the coin?

(a) He was a police officer.

(b) He was a farmer.

(c) He was a chimney sweep.

D 본문의 내용과 맞게 밑줄 친 단어가 바르게 쓰인 문장을 고르세요.

❶ (a) He was desperate for a place to rest.

(b) Even though he was desperate, he woke up only a few hours later.

❷ (a) The bishop's sleeping face looked so furious and kind.

(b) Life had been terribly unfair to him, and he was still furious about it.

❸ (a) The boy became very frightened and ran away.

(b) Fantine said goodbye to her daughter, crying as if her heart was frightened.

Answers

C ❶ (b) ❷ (c)

D ❶ (a) ❷ (b) ❸ (a)

Chapter Two

The Guardian

RESPONSE NOTES

한 추레한
여인이 체포됐어
(be arrested).

On a cold winter night, a poor-looking woman with no teeth was arrested for attacking a man on the street. At the police station, Inspector Javert decided to send her to prison for six months.

"Please don't send me to prison," cried the woman. "If I don't pay the money I owe, my daughter will lose her home and have to live in the streets!"

그녀의 말을
무시하고 부하들
(men)에게
데려가게 했어.

Inspector Javert ignored her and told his men to take her away. But suddenly a voice said, "Wait just a moment, please. I saw what happened in the street. It was the man's fault, not this woman's."

- □ **guardian** 보호자, 수호자
- □ **arrest** 체포하다
- □ **attack** 공격하다, 비난하다
- □ **police station** 경찰서
- □ **inspector** 〈경찰〉 경감; 검사관
- □ **send A to prison** A를 투옥하다
- □ **ignore** 무시하다
- □ **take away** 데려가다
- □ **mayor** 시장
- □ **penniless** 무일푼의
- □ **method** 방법
- □ **cost** 비용; 비용이 들다
- □ **townspeople** 마을 사람들
- □ **elect** 선출하다

Javert looked up to see Mayor Madeline, the most important man in town.

Before he was the town's mayor, M. Madeline had arrived suddenly on a winter evening in 1815. He had been penniless but knew of a new method for making glass at a very low cost.[1] Within a few months, his new glass-making factory made him a rich man. With that money, he built two new factories and brought hundreds of jobs to the town. He lived a simple life and spent most of his money building hospitals and schools.[2] In 1820, the townspeople elected him mayor of the town.

→ 유리 공장으로 부자가 됐대.

✓ Check Up

What is not true about Mayor Madeline?

- a He made a lot of money by making glass.
- b He donated much money to build public facilities.
- c He was appointed mayor by the king.

정답: c

1 그는 무일푼이었지만, 아주 저렴한 비용으로 유리를 만드는 새로운 방법을 알고 있었다.
   → at a low/high cost : 낮은/높은 비용으로
2 그는 소박한 삶을 살았고, 자신의 돈 대부분을 병원과 학교를 짓는 데 썼다.
   → spend + 돈/시간 + -ing : ~하는 데 돈/시간을 쓰다

But one man in town did not like Mayor Madeline. Inspector Javert was always suspicious of the man who had been a stranger. He felt he had seen the mayor's face before, as if he had been a dangerous criminal at an earlier time.[1]

Now the mayor was in Javert's police station, trying to save Fantine from going to prison. But when Fantine saw the mayor, she spat at him. "You own the factory where I lost my job! Now I've become a bad woman, and I'll never get my daughter back!"

Javert and the mayor argued, but Fantine was finally released. Then Mayor Madeline said to her, "I didn't mean to cause all of these troubles for you.[2] I'm going to help you. I'm going to pay your debts and get your daughter back to you. In God's eyes you are not a bad woman."

- **suspicious of** ~을 의심하는
- **dangerous** 위험한
- **save** 구하다
- **spit at** ~에게 침을 뱉다
  (spit-spat-spat)
- **own** 소유하다
- **argue** 언쟁하다, 말다툼하다
- **mean to**부정사 ~을 의도하다
- **cause** 일으키다
- **trouble** 문제
- **kneel down** 꿇어앉다
  (kneel-knelt-knelt)

1 그는 예전에 시장의 얼굴을 본 것 같은 기분이 들었다. 마치 그가 일찍이 위험한 범죄자이기라도 했던 것처럼 말이다.

CHAPTER TWO The Guardian

Fantine wept at the kindness the mayor was showing her. She knelt down and kissed his hand.

The mayor sent the Thenardiers 300 francs and told them to send Cosette to him right away.[3] But M. Thenardier wrote back, demanding 500 francs. Mayor Madeline sent the money, but the Thenardiers still didn't send Cosette.

✓ Check Up

She knelt down and kissed his hand.에 나타난 감정은?

a sorrowful b grateful c scornful

2 당신에게 이런 모든 문제들을 생기게 할 의도는 없었소.
3 시장은 테나르디에 부부에게 300프랑을 보내며 당장 코제트를 자신에게 보내라고 했다.

Even though Fantine was close to being happy again, the years of misery and poverty had left her very weak.¹ She became very sick and couldn't get out of bed. Whenever Mayor Madeline visited her, all she asked was, "When can I see my Cosette?"

"Soon," he said, to which she would smile with joy.

- misery 비참함, 괴로움, 불행
- poverty 가난
- weak 쇠약한
- with joy 기뻐서
- prepare to부정사 ~할 준비를 하다
- pick up 데리러 가다
- apologize for ~에 대해 사과하다
- real 진짜의
- witness 목격자; 목격하다
- swear 맹세하다, 증언하다
- face 마주하다, 직면하다
- trial 재판, 공판; 시도
- for life 종신, 일평생
- doubt 의심하다; 의심

CHAPTER TWO The Guardian

One morning, Mayor Madeline was preparing to travel to the Thenardiers' town himself and pick Cosette up.[2] But Inspector Javert suddenly came into his office.

"I want to apologize for being suspicious of you," said the inspector.

"What are you talking about?" asked Mayor Madeline.

"For years, I've suspected you of being the escaped criminal Jean Valjean.[3] But now, the police in another town have caught the real Jean Valjean. The man says his name is Champmathieu, but there are several witnesses who swear he is Jean Valjean.[4] He will face trial tomorrow and go to prison for life. I am sorry for doubting you."

Check Up

본문의 내용과 일치하도록 빈칸에 알맞은 말을 쓰세요.

Javert visited Madeline to _____ to him for his doubt.

정답 : apologize

---

1 팡틴은 다시 행복을 눈앞에 두었지만, 비참하고 가난했던 지난 세월은 그녀를 아주 쇠약하게 만들었다. → even though...: 비록 ~이지만

2 어느 날 아침, 마들린 시장은 테나르디에 부부의 마을로 직접 가서 코제트를 데려올 준비를 하고 있었다.

3 나는 수년 동안 당신이 장발장이라는 도망친 범죄자가 아닌가 하고 의심했습니다.

4 그 남자는 자기 이름이 샹마티유라고 하지만, 그가 장발장이라고 증언하는 목격자들이 몇 명 있습니다.

The inspector left, and Mayor Madeline canceled his trip to visit the Thenardiers for the following day. That night he lay awake in bed. Mayor Madeline was in fact Jean Valjean. He could not let the man Champmathieu spend the rest of his life in prison for his crimes.[1] He would have to go to the man's trial and admit the truth. He would lose everything he had worked for, but he had no choice. The truth was the most important thing.

The next morning, Mayor Madeline traveled to the town where the trial was taking place. When he arrived, he saw that Champmathieu was a large man-child who was not intelligent enough to defend himself.[2] Just when the judge was about to convict Champmathieu of being Jean Valjean, Mayor Madeline stood up and said, "This man is not Jean Valjean. I am."[3]

- cancel 취소하다
- awake 깨어 있는
- in fact 사실, 실은
- crime 범죄
- admit 인정하다
- choice 선택, 선택한 것
- take place 일어나다, 발생하다
- intelligent 똑똑한, 총명한
- defend oneself 자기를 변호하다
- judge 판사
- be about to부정사 막 ~하려고 하다
- convict A of... A에게 ~의 판결을 내리다
- gasp (공포, 놀람 등으로) 숨막힘
- courtroom 법정
- at first 처음에
- information 정보
- business 용무, 볼일
- allow A to부정사 A에게 ~하는 걸 허락하다

CHAPTER TWO The Guardian

Gasps were heard around the courtroom. No one believed him at first. But he told them information that only Jean Valjean could have known.⁴

"I must leave now," said Mayor Madeline. "I have some business I must do. But I'll not try to escape when my business is finished."

They let him leave the courtroom, and the judge allowed Champmathieu to go free.

---

1 그는 샹마티유라는 그 남자가 자신의 범죄 때문에 감옥에서 평생을 보내게 할 수는 없었다.
→ let + A + 동사원형: A가 ~하게 하다

2 도착했을 때, 그는 샹마티유가 자신을 변호할 만큼 똑똑하지 못하고 덩치만 커다란 어린애 같은 사내라는 걸 알았다.

3 판사가 샹마티유에게 장발장이라는 판결을 내리려는 순간, 마들렌 시장은 자리에서 일어나 이렇게 말했다. "이 남자는 장발장이 아니오. 내가 장발장이오."

4 그러나 그는 그들에게 장발장만이 알 수 있었던 일을 털어놓았다.
→ could have + 과거분사: ~할 수 있었다

The next day, Mayor Madeline visited Fantine. When she saw him, she asked for Cosette.

"Not now. You're too weak to see her. You must get well first," he said.

Then Inspector Javert entered the room. Fantine thought the inspector was there to arrest her and became afraid.[1] But Mayor Madeline said, "He's not here for you." Then to Inspector Javert he said, "Just give me three days to go and get her child, and then you can take me to prison."[2]

"I'm not going to give you three days to escape," said Inspector Javert.

"But my child!" cried Fantine.

"Shut up, you dirty whore!" shouted Inspector Javert. "This man is not Mayor Madeline, and he's never going to bring your daughter to you. He is a dangerous criminal named Jean Valjean, and he's going to prison!"

- **get well** 회복되다
- **enter** 들어가다, 들어오다
- **shut up** 입을 다물다 (shut-shut-shut)
- **whore** 매춘부
- **fall back** 뒤로 넘어지다 (fall-fell-fallen)
- **pillow** 베개
- **totally** 완전히
- **still** 움직이지 않는
- **bedside** 침대 곁, 머리맡
- **yell at** ~에게 소리지르다, 호통치다
- **men** 〈복수형〉부하
- **by force** 힘으로, 억지로

1 팡틴은 경감이 자신을 체포하러 왔다고 생각해 두려워졌다.
2 가서 이 여자의 아이를 데려올 수 있도록 나에게 3일만 주시오. 그 다음에 나를 감옥에 보내시오.

CHAPTER TWO The Guardian

Fantine fell back on her pillow and lay totally still. Jean Valjean ran to her bedside. She was dead. "Your words have killed her!" he yelled at Inspector Javert.

"Come to the police station with me now, or I'll call my men to arrest you by force,"³ said Javert.

Jean Valjean kissed Fantine's head and said to the inspector, "I'm ready to go now."

3 지금 나와 경찰서로 가지 않으면 내 부하들을 불러 강제로 너를 체포하겠다.
→ 명령문, or...: ~해라, 그렇지 않으면 …

One Point

I'm not **going to give** you three days to escape.
난 너에게 도망칠 수 있도록 3일을 주진 않을 것이다.

be going to부정사: ~할 것이다 → 미래의 일을 예상하거나 계획을 말할 때 쓴다.

ex. I'm **going to visit** my grandmother this summer.
이번 여름에 할머니 댁에 갈 거야.

Two days after being arrested, Jean Valjean escaped from prison. He managed to break the bars over his window and disappeared into the night.¹

On Christmas in 1823, business at the Thenardiers' inn was very good. The guests ate and drank noisily while Cosette, now eight years old, sat in her normal place under the kitchen table.² She was dressed in rags, knitting wool stockings for the Thenardiers' two daughters.

One night, Mme. Thenardier ordered Cosette to go out in the cold to get a bucket of water. As she left, Mme. Thenardier gave her a coin and told her to get some bread, too.

- **bar** 창살
- **disappear** 사라지다
- **guest** 손님
- **noisily** 시끄럽게
- **normal** 보통의; 정상의
- **be dressed in** ~을 입고 있다
- **knit** 뜨다, 짜다 (knit-knitted-knitted)
- **wool stocking** 털양말
- **order A to부정사** A에게 ~하라고 명령하다
- **a bucket of** 한 양동이의
- **coin** 동전
- **get** 사다
- **woods** 〈복수형〉숲
- **stream** 개울, 시내
- **fill** 채우다
- **hole** 구멍
- **frigid** 몹시 추운, 싸늘한
- **lug** 질질 끌다 (lug-lugged-lugged)
- **full of** ~으로 가득 찬
- **hill** 언덕

1 그는 용케 창살을 부수고 밤의 어둠 속으로 사라졌다. → manage to부정사: 용케 ~해내다
2 이제 여덟 살이 된 코제트가 부엌 식탁 밑에 있는 자기의 평상시 자리에 앉아 있는 동안 손님들은 시끄럽게 먹고 마셨다.

CHAPTER TWO The Guardian

Cosette walked through the dark woods to the stream. As she filled her large wooden bucket, she didn't notice the coin Mme. Thenardier had given her fall through a hole in her pocket and into the frigid water.³

Then she began to lug the heavy bucket full of water through the woods and up the hill to the inn.⁴ The bucket was so heavy that she had to stop every few steps for some rest.

양동이가 너무 무거워서
몇 걸음(step) 걷다 쉬어야 했어.

---

3   커다란 나무 양동이에 물을 채울 때, 그녀는 테나르디에 부인이 자기에게 준 동전이 호주머니에 난 구멍으로 빠져 나가 차가운 물속에 떨어지는 걸 눈치채지 못했다.
    → notice + A + 동사원형: A가 ~하는 것을 알아채다

4   그리고 나서 그녀는 물이 가득 든 무거운 양동이를 질질 끌며 숲을 지나 여관을 향해 언덕을 올라가기 시작했다.

Suddenly a huge hand reached down from the sky and picked up the water bucket. Cosette looked up to see an enormous old man standing there.

"What a heavy bucket this must be for a child as small as you," the man said while looking at her through gentle eyes.[1]

Cosette was not afraid of the man. She trusted his eyes. They walked back through the village together. As they walked, she told him everything about her life with the Thenardiers. As they neared the inn, he gave her the bucket, and they entered the inn together.

- **huge** 커다란
- **reach down** (손을) 아래로 뻗다
- **pick up** 들다, 집어들다
- **enormous** 거대한
- **wear** 입다 (wear-wore-worn)
- **trust** 믿다, 신뢰하다
- **near** ~에 접근하다
- **in fear of** ~을 무서워하여
- **beating** 때림, 채찍질
- **expect** 예상하다, 기대하다
- **seat** 앉히다
- **search** ~을 뒤지다, 찾다
- **pale** 창백한
- **hold up** 위로 치켜들다

1 "너처럼 작은 아이에겐 이건 너무나 무거운 양동이겠구나." 하고 그 남자는 부드러운 눈으로 그녀를 바라보며 말했다. → What a + 형용사 + 명사 + 주어 + 동사: 감탄문

2 테나르디에 부인은 그 노인을 자리에 앉히고 와인 한 잔을 내온 다음 코제트에게 물었다. "내가 사오라고 했던 빵은 어디에 있니?"

CHAPTER TWO The Guardian

"Why were you gone so long?" Mme. Thenardier asked angrily. → 왜 그렇게 한참 있었니?

"I . . . I met this man who needs a room for the night," Cosette said in fear of the beating she expected. Mme. Thenardier seated the old man with a glass of wine, and then asked Cosette, "Where's the bread I told you to buy?"²

"I . . . I forgot to get it, Madame."

"Then where's the money I gave you?"

Cosette searched her pocket, but the coin was not there. She went pale. Then suddenly the old man held up a coin.

"Madame, I've just found this on the floor. It must have fallen from the child's pocket." Mme. Thenardier took the coin and walked away. → 그 아이의 주머니에서 떨어졌나 보오.

✓ Check Up

본문의 내용과 일치하도록 다음 문장을 완성하세요.

The old man helped Cosette with _____ the bucket _____ water.

  a throwing - into   b pulling - out of   c carrying - full of

정답: c

One Point

She went pale. 그녀는 창백해졌다.

go + 보어: ~한 상태가 되다 → 보통 나쁜 상태가 될 때 쓰인다.

ex. He **went mad** after his wife died. 아내가 죽자 그는 미쳤다.

The next morning, the old man spoke to the Thenardiers. "It seems like you don't have enough money to take care of this child very well. Why don't you let me take her?"

"We love her very much," said M. Thenardier. "We couldn't let you have her for less than 1,500 francs."

The old man quickly handed him three 500-franc notes and said, "Now fetch Cosette."[1]

The man gave her some fine new clothes and they left hand in hand for Paris. Cosette didn't know who the man was, but she had a comforting feeling that God was guarding her through this man.[2] The man was Jean Valjean.

- it seems like... ~처럼 보이다
- less than ~미만
- note 지폐
- fetch 데려오다
- hand in hand 손에 손을 잡고
- comforting 격려하는, 위안이 되는
- guard 보호하다, 지키다
- on the outskirts of ~의 변두리에
- asleep 잠든
- rent 임대하다, 빌리다
- pass 지나가다
- alone 혼자의

1 노인은 재빨리 500프랑짜리 지폐 3장을 내밀고는 말했다. "이제 코제트를 데려오시오."
2 코제트는 그 남자가 누구인지 몰랐지만, 신이 이 남자를 통해 자신을 지켜 주고 있다는 아늑한 기분이 들었다.
3 그는 25년 만에 처음으로 이 세상에 혼자가 아니었다.

CHAPTER TWO The Guardian

Jean Valjean took Cosette to a large old building on the outskirts of Paris. Cosette was asleep in his arms. He took her up to the room he had rented since his escape from Inspector Javert.

The days began to pass in great happiness for Cosette and Valjean. For him, it was the first time in twenty-five years that he was not alone in the world.³ His heart had discovered love.

둘은 날마다
행복한 시간을
보냈다.

Check Up

본문의 내용과 맞으면 T, 틀리면 F를 쓰세요.

a. Cosette was not afraid of leaving the inn with Valjean. _____
b. Cosette brought Valjean a feeling of love and happiness. _____

정답: a. T b. T

One evening, Valjean heard someone on the stairs outside his room. He ran to the keyhole and saw the back of a familiar coat walking down the stairs. "Javert," he said to himself.

The next day, he prepared to leave their room for a safer place. That night, as they walked along the narrow streets under the light of the full moon, Valjean realized four men were following them at a distance.[1] As he looked back, through the moonlight, he could clearly see the face of Inspector Javert. He gripped Cosette's hand tightly and began to weave through the confusing system of alleyways.[2]

After walking down a long lane, he came to a dead end. There was a tall building with barred windows and doors on one side, and a high wall on the other.[3] He could climb the wall himself, but how could he bring Cosette?

- stairs 계단
- keyhole 열쇠 구멍
- familiar 낯익은
- say to oneself 혼잣말하다
- safe 안전한
- narrow 좁은
- realize 깨닫다
- at a distance 거리를 두고, 좀 멀어져
- clearly 분명하게
- grip 꽉 잡다 (grip-gripped-gripped)
- tightly 단단히, 꽉
- weave 누비듯이 나아가다
- confusing (복잡하여) 헷갈리는
- alleyway 골목, 좁은 길
- lane 좁은 길, 골목길
- dead end 막다른 골목
- streetlight 가로등
- at one's base ~의 밑바닥에
- rip out 벗겨내다
- tie 묶다

CHAPTER TWO The Guardian

Then he noticed a streetlight and had an idea. He opened up the box at its base and ripped out some wires. Then he tied the wire around Cosette's waist and climbed the wall, pulling her up after him. On the other side of the wall was a tree. He lowered Cosette into the tree's branches and leapt over the wall just as the four men got there.

코제트의 허리에
전선을 감고
벽을 탔어(climb).

- **wire** 전선
- **waist** 허리
- **lower** 내리다
- **branch** 나뭇가지
- **leap** 껑충 뛰다, 뛰어넘다
  (leap-leapt-leapt)

---

1 그날 밤 보름달이 환히 비치는 좁은 길을 걸어갈 때, 장발장은 멀리서 네 사람이 자신들을 따라오고 있는 걸 눈치챘다.
2 그는 코제트의 손을 꽉 잡고 복잡한 골목길을 이리저리 빠져나가기 시작했다.
3 한쪽에는 창살이 달린 유리창과 문들이 있고, 다른 한쪽에는 높다란 담이 있는 높은 건물이 나타난 것이다.

CHAPTER TWO
Comprehension Quiz

A 다음 문장이 본문의 내용과 일치하면 T, 일치하지 않으면 F에 표시하세요.

1. Mayor Madeline wanted Fantine to go to prison for six months. [T] [F]
2. Inspector Javert suspected Mayor Madeline of being Jean Valjean. [T] [F]
3. The Thenardiers treated Cosette as if she were one of their own daughters. [T] [F]
4. Cosette bought the bread that Mme. Thenardier asked her to buy. [T] [F]
5. Inspector Javert almost caught Valjean and Cosette in an alleyway in Paris. [T] [F]

B 다음 각 인물이 한 말을 찾아 연결하세요.

1. Mayor Madeline •
2. M. Thenardier •
3. Cosette •
4. Inspector Javert •
5. Fantine •

- ⓐ If I don't pay the money I owe, my daughter will lose her home and have to live in the streets!
- ⓑ I didn't mean to cause all those troubles for you.
- ⓒ I am sorry for doubting you.
- ⓓ I met this man who needs a room for the night.
- ⓔ We couldn't let you have her for less than 1,500 francs.

Answers

A ①F ②T ③F ④F ⑤T
B ①-ⓑ ②-ⓔ ③-ⓓ ④-ⓒ ⑤-ⓐ

C 다음 질문에 알맞은 답을 고르세요.

❶ Why was Champmathieu on trial?

(a) Because he was a man-child.

(b) Because he was a friend of Jean Valjean.

(c) Because he was accused of being the real Jean Valjean.

❷ Where did Valjean and Cosette live after he rescued her from the Thenardiers?

(a) They lived in a large old building on the outskirts of Paris.

(b) They lived on a small farm near Paris.

(c) They lived with the Bishop of Digne.

D 빈칸에 알맞은 단어를 골라 쓰세요.

> discovered   escaped   trusted   ignored

❶ Inspector Javert _____ her and told his men to take her away.

❷ Two days after being arrested, Jean Valjean _____ from prison.

❸ Cosette _____ the man's eyes.

❹ Jean Valjean's heart had _____ love.

*A*nswers

C   ❶ (c)   ❷ (a)

D   ❶ ignored   ❷ escaped   ❸ trusted   ❹ discovered

Understanding the Story

이 소설의 몇몇 등장인물은 실제 인물을 바탕으로 그려졌다는 사실을 아시나요? 어떤 인물들인지 알아봅시다.

The Models of the Characters
등장인물의 모델이 된 사람들

Some of the characters in this story are based on people who really lived.

Victor Hugo heard the story of a kindly priest named Miollis, who took in a released convict for the night. When the convict repaid the bishop by stealing his silver dinnerware, Miollis told the police that he gave the valuables to the man. This is just one of the true stories about the priest who later became the Bishop of Digne in 1806. The real man's generosity and kindness became legend in France.

The character of Jean Valjean was also based on a real character. Hugo was very interested in social justice and

---

be based on ~에 바탕을 두다   priest 신부, 사제   take in 숙박시키다   convict 죄수   repay 보답하다
valuables 귀중품   justice 정의, 정당성   prisoner 죄수   execute 처형하다   jailer 교도관   sympathize
with ~을 동정하다   outcome 결과   include 포함하다   idealistic 이상주의적인   experience 경험하다

이 소설의 일부 등장인물은 실존했던 사람들을 바탕으로 하고 있습니다.

빅토르 위고는 미요리스라는 인정 많은 신부의 이야기를 들었습니다. 그는 출소한 죄수를 하룻밤 묵게 해주었죠. 그 죄수가 은식기를 훔치는 행위로 그 주교의 은혜를 갚았을 때, 미요리스는 경찰에게 자기가 그 값진 식기를 그 사람에게 주었다고 말했습니다. 이것은 후에 1806년 디뉴의 주교가 되었던 그 신부에 대한 실화 중 하나입니다. 그 실제 인물의 너그러움과 인자함은 프랑스의 전설이 되었죠.

the criminal system in France. He would visit prisons and interview the prisoners. Gueux was one of them. He told Hugo how he had been sent to prison because he broke into a house to steal bread for his children. Unlike the fictional Jean Valjean, however, Gueux was executed for killing a jailer while in prison. Hugo sympathized with Gueux because the jailer was extremely cruel to Gueux. Hugo felt that Gueux should not have been in prison in the first place. In his work, *Les Miserables*, Hugo wanted to show the entire chain of events that led to punishment—to throw doubt on the justice of the final outcome.

Other characters that were taken from real life include Cosette and Marius. Hugo actually based Marius on himself when he was a young idealistic man who experienced love for the first time. His wife is an obvious model for Cosette.

장발장이란 인물 또한 실제 인물에 바탕을 둔 것입니다. 위고는 사회 정의와 프랑스의 형사제도에 관심이 많았습니다. 그는 감옥을 돌아다니며 죄수들과 면담하곤 했죠. 구스도 그들 중 하나였습니다. 그는 위고에게 자기가 아이들에게 줄 빵을 훔치러 어느 집에 침입했다가 감옥에 보내진 경위를 말했습니다. 그러나 소설 속의 장발장과는 달리, 구스는 감옥에 있는 동안 교도관을 살해하여 사형당했습니다. 위고는 구스를 동정했습니다. 교도관이 구스에게 아주 잔인했기 때문이죠. 위고는 구스가 애당초 감옥에 가지 말아야 했다고 생각했습니다. 그의 작품 《레 미제라블》에서 위고는 형벌로 이어지는 일련의 사건을 보여주고 싶었습니다. 최종 결과의 정당성에 의문을 던진 것이죠.

현실에서 나온 기타 인물들 중엔 코제트와 마리우스도 있습니다. 위고는 마리우스를 처음으로 사랑을 경험한 젊은 이상주의자였던 자기 자신에 바탕을 두고 그렸습니다. 그의 아내는 코제트의 모델이라는 걸 대번에 알 수 있죠.

Chapter Three

The Parisians

RESPONSE NOTES

A night after the Battle of Waterloo in June 1815, a robber quietly stole money and jewelry from the bodies of dead soldiers on the battlefield.¹ In the moonlight, he saw a hand with a gold ring on its finger. As he took the ring, the hand grabbed his jacket. He pulled the body from the pile of other dead bodies to find a French officer who was still alive.²

"Thank you for saving my life. What is your name?" asked the officer.

→ 내 목숨을 구해 주어서(save) 고맙소.

"Thenardier," replied the robber.

당신 이름을 잊지 않겠소.

"I'll never forget your name," said the officer. "And you must remember mine. My name is Pontmercy."

- **Parisian** 파리 토박이, 파리 사람
- **battle** 전투, 전쟁
- **robber** 강도, 도둑
- **jewelry** 보석류
- **soldier** 병사
- **battlefield** 전장, 싸움터
- **grab** 움켜잡다 (grab-grabbed-grabbed)
- **pile** 쌓아 올린 더미; 쌓아 올리다
- **officer** 장교
- **alive** 살아 있는
- **save** 구하다, 지키다
- **wallet** 지갑
- **wealthy** 부유한
- **hate** 증오하다
- **son-in-law** 사위
- **recover** 회복하다

Then the robber took the man's watch and wallet and disappeared. The officer, whose name was Georges Pontmercy, had a son named Marius. Marius, whose mother had died, lived with his grandfather, a very wealthy man named M. Gellenormand. But M. Gillenormand hated his son-in-law, Marius' father. After Georges Pontmercy recovered from his injury, M. Gillenormand paid him to stay away from his son.³ Pontmercy accepted the offer because he wanted his son to have a good life.

마리우스는 어머니가 죽고 나서 외할아버지와 살았어.

□ **injury** 부상
□ **stay away from** ~에서 떨어져 있다
□ **accept** 받아들이다
□ **offer** 제안

1 1815년 6월 워털루 전쟁이 일어난 후 어느날 밤, 한 도둑이 전쟁터에서 죽은 병사들의 시체에서 조용히 돈과 보석을 훔치고 있었다.
2 그는 시체더미에서 그 몸을 끌어낸 후, 그가 아직 살아 있는 프랑스 장교라는 걸 알았다.
3 조르쥬 퐁메르시가 부상에서 회복되자, 질노르망 씨는 그에게 돈을 주고 아들에게서 떨어져 있도록 했다.

For years, M. Gillenormand told Marius his father was a bad man. But when Marius turned 17, he learned the truth that his father had been a brave soldier.[1] Marius searched for his father, but by the time he found him, he had died. All Marius received from his father was a letter:

> To my son,
>
> My life was saved at Waterloo by a man named M. Thenardier. I believe he manages a small inn in the village of Montfermeil, near Paris. If you ever find this man, I want you to help him however you can.[2]

When M. Gillenormand found out that Marius was visiting his father's grave, they had a big argument.

- **turn** (어떤 나이를) 넘다
- **learn** 알게 되다
- **search for** ~을 찾다, 수색하다
- **receive** 받다
- **find out** 알아내다 (find-found-found)
- **grave** 무덤
- **argument** 말다툼, 언쟁
- **coincidentally** 우연히
- **survive** 살아남다, 생존하다
- **cruel** 잔인한

1 그러나 17세가 되었을 때, 마리우스는 자기 아버지가 용감한 군인이었다는 사실을 알게 되었다.
2 이 남자를 찾는다면, 어떻게든 그를 도와주길 바란다. → however: 어떤 식으로라도

CHAPTER THREE The Parisians

Then M. Gillenormand made Marius leave his house.

For the following three years, Marius lived in a small room in an old building on the outskirts of Paris.³ Coincidentally, it was the same room that Valjean and Cosette had lived in eight years earlier. Marius made little money, but it was enough to survive. His grandfather often tried to send him money, but he refused it. Marius hated his grandfather for the cruel way he had treated his father.⁴

✓ Check Up

본문의 내용과 맞는 것은?

- a Marius looked for M. Thenardier to pay off his father's debt.
- b Marius didn't take the money his grandfather sent.
- c Marius lived next door to Valjean and Cosette.

3 그 후 3년 동안 마리우스는 파리 외곽에 있는 한 허름한 건물의 작은 방에서 살았다.
4 마리우스는 할아버지가 자기 아버지를 가혹하게 대한 것 때문에 그를 미워했다.

Marius was a handsome young man, but he was very shy. He lived a quiet life of studying, writing, and taking daily walks. Sometimes on his walks, Marius noticed an elderly man and a young girl, who always sat on the same bench in the Luxembourg Gardens.¹ The girl was thirteen or fourteen and always wore the same black dress. But what Marius noticed were her lovely blue eyes.

□ **shy** 수줍음 타는
□ **take a walk** 산책하다 (walk: 산책)
□ **elderly** 나이가 지긋한
□ **gardens** 〈복수형〉 공원, 유원지
□ **lovely** 사랑스러운, 아름다운
□ **smooth** 부드러운
□ **gorgeous** 멋진, 눈부신
□ **frequently** 자주
□ **stop -ing** ~하는 것을 멈추다
□ **depressed** 낙담한, 우울한

1 가끔씩 산책하는 길에 마리우스는 한 노인과 소녀를 보았는데, 그들은 늘 뤽상부르 공원에서 똑같은 벤치에 앉아 있었다.

CHAPTER THREE The Parisians

For some reason, Marius stopped going to the Luxembourg Gardens. When he returned one year later, they were in the same place. The only difference was that the thin girl of a year earlier had become a beautiful young woman.² She had soft, brown hair, smooth, pale skin, deep, blue eyes, and a gorgeous smile.

One day as he passed, their eyes met, and he felt that his life would never be the same. He began to watch the old man and the girl every day. He followed them so much that the old man started to become suspicious of him and began coming to the gardens less frequently, sometimes without the girl.³

When the old man and girl stopped visiting the gardens, Marius became depressed. So he tried to find out where they lived. Finally, he learned they lived in a small house at the end of a street named Rue de l'Quest.

✓ Check Up

노인이 뤽상부르 공원에 발길을 끊은 이유는?

정답: 마리우스가 자신들을 너무 많이 따라다녀서.

2 달라진 점이 있다면 1년 전만 해도 가냘팠던 소녀가 이젠 아름다운 아가씨가 되어 있었다는 것뿐이었다.

3 그가 그들을 너무 많이 따라다니는 바람에 노인은 그를 의심하기 시작했다. 그래서 예전보다 공원에 뜸하게, 때론 소녀를 데려오지 않기 시작했다.

Marius began to follow them home and watch them through their lighted window. When he caught a glimpse of the girl, his heart began to beat faster. On the eighth night of coming to the house, the lights in the windows were out. When he saw this, he knocked on their neighbor's door and asked where they were.

"They've moved out," said the neighbor. Then the neighbor slammed the door in Marius' face.

Summer and fall passed, and Marius did not see the old man or the young girl whom he had fallen in love with.[1] Depressed, he wandered the streets like a lost puppy. Without the young woman, life seemed meaningless to him.

Then one day, Marius found a packet of four letters near his room. When he read the letters, he saw that they were supposedly written by four different people.[2] Yet they were all written by the same hand. They stank

- **lighted** 불이 켜져 있는
- **catch a glimpse of** ~을 흘끗 보다
- **beat** (심장이) 뛰다 (beat-beat-beaten)
- **knock on** ~을 두드리다, 노크하다
- **neighbor** 이웃
- **move out** 이사 나가다
- **slam** 쾅 닫다 (slam-slammed-slammed)
- **fall in love with** ~을 사랑하게 되다
- **meaningless** 의미 없는
- **a packet of** 한 꾸러미의
- **supposedly** 추측건대, 아마도
- **stink of** ~의 악취가 나다 (stink-stank-stunk)
- **tobacco** 담배
- **miss** ~이 없다
- **next-door** 옆집에 사는
- **rent** 임대료
- **generosity** 관대함, 후함

CHAPTER THREE The Parisians

of cheap tobacco, and they were all asking for money.

The next morning, there was a knock on Marius' door. When he opened it, he saw a thin, sick-looking girl who was missing some teeth.³ She was his next-door neighbor's daughter. She gave him a letter from her father:

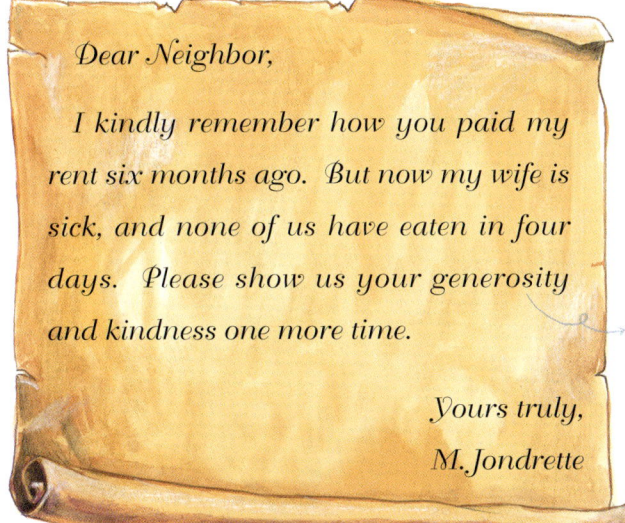

Dear Neighbor,

I kindly remember how you paid my rent six months ago. But now my wife is sick, and none of us have eaten in four days. Please show us your generosity and kindness one more time.

Yours truly,
M. Jondrette

한 번만 더 너그러움 (generosity)과 인자함을 보여주십쇼.

✓ Check Up

The letter from Marius' neighbor begged for _____.

a love   b money   c forgiveness

q : 답문

---

1 여름과 가을이 지나갔지만, 마리우스는 그 노인도 사랑하게 된 아가씨도 보지 못했다.
2 편지들을 읽으면서, 그는 그것들이 각기 다른 네 사람에 의해 쓰여졌을 거라고 생각했다.
3 그가 문을 열자, 마르고 아파 보이며 이가 몇 개 없는 한 아가씨가 서 있었다.

Marius realized that the handwriting and cheap tobacco smell was the same as the letters he had found the night before.¹ All of them were from the poor family in the next room. He had never paid attention to the Jondrettes in the months they had been his neighbors. But now he realized M. Jondrette's business was writing dishonest letters that asked for money from people who he thought were wealthier than him.²

- **handwriting** 필적, 손으로 쓰기
- **smell** 냄새; 냄새 맡다
- **pay attention to** ~에 주의를 기울이다
- **dishonest** 부정직한, 부정한
- **shoulder** 어깨
- **lonely** 외로운
- **all the time** 항상, 늘
- **move away from** ~에서 움직이다
- **touch** 만짐, 손을 댐
- **parcel** 꾸러미, 소포
- **all over** 여기저기, 곳곳에
- **take out** 꺼내다

CHAPTER THREE The Parisians

While Marius was reading the letter, the girl watched him. Then she moved closer to him and put her cold hand on his shoulder.

"You know, Monsieur Marius, you're a very handsome boy. You never notice me, but I see you looking lonely all the time."

"I think I have something of yours," Marius said, moving away from her touch. He handed her the parcel of four letters that he had found.[3]

"Oh yes, I've been looking all over for these." Taking out one of the letters, she said, "This one is for the old man who goes to church every day. If I hurry, I'll be able to catch him on the street. He might give me enough for dinner."

---

1 마리우스는 그 필적과 씨구려 담배 냄새가 지난밤 자신이 발견한 편지들과 같다는 걸 깨달았다.
2 그러나 이제 그는 종드레뜨 씨가 하는 일이 자기보다 부유하다고 생각되는 사람들에게 돈을 요구하는, 정직하지 못한 편지를 쓰는 것임을 깨달았다.
3 그는 그녀에게 자신이 발견한 4장의 편지 꾸러미를 건네주었다.

One Point

If I hurry, I**'ll be able to catch** him on the street.
서두르면 거리에서 그를 붙들 수 있을 거예요.

will be able to+부정사: ~할 수 있을 것이다 → will과 can은 연달아서 쓸 수 없기 때문에 can을 be able to로 바꾼다.

ex. He **will be able to start** his own business next year.
그는 내년에 자기 사업을 시작할 수 있을 거예요.

Marius took a coin from his pocket and handed it to the girl.

"Ah-ha!" she cried, "That's enough money to eat for two days! You're an angel, Monsieur Marius." Then she laughed, grabbed a piece of dried bread from Marius' table, and left.

Marius realized that although he lived on little money, he had not known what it meant to be poor until he had become acquainted with this miserable family in the next room.[1] As he was thinking about this desperate family, he noticed a small triangular hole in the corner of the wall that separated his room from theirs.[2] He decided to observe them.

Marius stood on a cupboard and put his eye to the hole. The Jondrettes' room was filthy and foul-smell-

- **angel** 천사; 친절한 사람
- **dried** 마른, 말린, 건조한
- **live on** ~으로 살아가다
- **miserable** 불쌍한, 비참한
- **triangular** 삼각형의
- **separate A from B** A와 B를 분리하다
- **observe** 보다, 관찰하다
- **cupboard** 찬장, 벽장
- **filthy** 불결한, 더러운
- **foul-smelling** 악취가 나는
- **unlike** ~와 달리
- **bare** 세간 없는, 텅 빈
- **dwelling** 거처, 사는 집
- **furniture** 가구
- **cracked** 깨진, 금이 간
- **plate** 접시
- **graying** 회색이 되는
- **fireplace** (벽)난로

CHAPTER THREE The Parisians

ing, unlike Marius' bare, clean dwelling. The only furniture was a broken table, a chair, and two dirty beds. There were a few cracked plates on the table. There an old man sat, smoking a pipe and writing a letter. A large woman with graying hair that was once red sat next to the fireplace, and a thin, sickly-looking girl sat on one of the beds.³ Marius was depressed by what he saw.

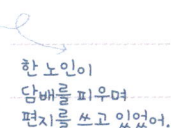
한 노인이 담배를 피우며 편지를 쓰고 있었어.

1 마리우스는 적은 돈으로 생활하고 있었지만, 옆방에 사는 이 비참한 가족을 알기 전까지는 가난하다는 것이 어떤 뜻인지 알지 못했다. → become acquainted with: ~와 아는 사이가 되다
2 이 절망적인 가족에 대해 생각하고 있을 때, 그는 자신의 방과 그들의 방을 가르는 벽 구석에 작은 삼각형 구멍이 있는 걸 발견했다.
3 벽난로 옆에는 한땐 붉었지만 이젠 희끗희끗해지는 머리카락을 가진, 덩치 큰 여자가 앉아 있었다. 그리고 마르고 아파 보이는 한 소녀가 침대 하나에 앉아 있었다.

63

Marius was going to stop looking, when suddenly the girl who had come to his room bounded through the Jondrettes' door.¹

"He's coming," she cried happily.

"Who's coming?" asked the father.

날마다 딸이랑 교회에 다니는 노인이요.

"The old man who goes to church with his daughter every day. I saw them on the street, and he's coming. I ran ahead to tell you. They'll be here in two minutes."

"Good girl," said M. Jondrette. "Quickly! Put out the fire!"

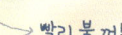
→ 빨리 불 꺼!

- **bound** 뛰다, 뛰어가다
- **ahead** 먼저, 앞쪽에
- **put out** 끄다 (put-put-put)
- **pour** 붓다, 따르다
- **fist** 주먹
- **badly** 몹시, 심하게
- **covered in** ~으로 덮여
- **blood** 피
- **bow** 절하다
- **in shock** 깜짝 놀란

1 마리우스가 엿보는 것을 그만두려고 할 때, 갑자기 그의 방에 왔던 그 아가씨가 종드레뜨 가족의 방으로 뛰어 들어왔다.

2 그 아가씨는 종드레뜨 씨가 발로 의자를 부수는 동안 불 위에 물을 부었다.

CHAPTER THREE The Parisians

The girl poured water on the fire while M. Jondrette broke the chair with his foot.² He told his younger daughter to break the window. The girl put her fist through the glass and cut her arm very badly. She ran to the bed covered in blood.

"Great, the more miserable we look, the more money the kind gentleman will give us."

Then there came a knock at the door. M. Jondrette opened the door, bowing almost to the floor. The old man and the young girl entered the room.

Marius was in shock. It was the old man from the park! It was the young girl he had fallen in love with!

→ 내가 사랑하게 된 그 아가씨잖아!

✓ Check Up

마리우스가 깜짝 놀란 이유는?

정답은: 공원에서 봤던 노인과 그가 사랑에 빠진 아가씨가 나타나서

One Point

Great, **the more miserable** we look, **the more** money the kind gentleman will give us.
잘했다. 우리가 비참해 보일수록 그 친절한 신사가 우리에게 더 많은 돈을 줄 거야.

the + 비교급, the + 비교급: ~할수록 더 …하다

ex. **The sooner, the better.** 빠를수록 좋지.

The old man handed M. Jondrette a package. "Here are some warm clothes and blankets for your family."

"Thank you, sir. As you can see, we are without food or heat. My wife is very sick, and my daughter injured her arm at the factory where she works."[1]

□ **blanket** 담요
□ **heat** 난방; 열
□ **injure** 상처를 입히다
□ **scream** 비명을 지르다
□ **pain** 고통
□ **annoyed with** ~으로 성가신
□ **suggestive** 넌지시 비추는, 암시하는
□ **in a ... manner** ~한 태도로
□ **for a moment** 잠시 동안
□ **address** 주소
□ **disappointed** 실망한
□ **wish** 바라다

1 제 아내는 몹시 아프고, 딸아이는 일하고 있는 공장에서 팔을 다쳤지요.
2 이따가 저녁에 당신들에게 줄 돈을 좀더 갖고 오겠소.
3 그녀는 실망한 듯 보였지만 이렇게 말했다. "아뇨. 하지만 당신이 원한다면 제가 알아볼 수 있어요." → if you wish: 당신이 원한다면

CHAPTER THREE The Parisians

The young girl who had hurt her arm screamed with pain. The kind old man took a coin from his pocket and put it on the table.

"Five francs is all I have right now. I'll come back later this evening with some more money for you."[2]

After they left, Marius tried to leave his room to follow them. He had to know where the beautiful young girl lived. But the Jondrette girl was back at his door. She came into his room.

"What do you want?" he asked, annoyed with her.

"You were kind to us this morning. Now I want to be kind to you," she said in a very suggestive manner. "I want to do something for you."

Marius thought for a moment.

"Do you know the address of the old man and girl who just visited your home?"

She looked disappointed, but said, "No, but I can find out if you wish."[3]

✓ Check Up

본문의 내용과 맞으면 T, 틀리면 F를 쓰세요.

a. The old man realized that M. Jondrette was lying. ____
b. The Jondrette girl said she could find out the address of the old man and girl. ____

정답: a. F b. T

The Jondrette girl left, and Marius found himself overcome by emotion for the mysterious young girl.[1] Then he heard M. Jondrette's voice coming through the hole in the wall. He jumped back on the cupboard and listened.

"Are you sure it was them?" asked Mme. Jondrette.

"I'm sure I recognized both of them. It's been eight years, but I'm sure."

"Her?" said Mme. Jondrette. Her voice was filled with hatred. "You must be wrong. That child was ugly, but this girl is nice-looking."

"I'm telling you, she's the same one," said M. Jondrette. "And they're going to bring us lots of money again! When that old man comes back at six o'clock, I'll have a gang of friends here to make sure he gives us all of his money, or he won't leave this room walking on two legs."[2] Then M. Jondrette let out an ugly laugh.

- **overcome by** ~으로 맥을 못추는
- **emotion** 감정
- **mysterious** 신비한, 수수께끼 같은
- **be sure** 확신하다
- **recognize** 알아보다
- **hatred** 증오, 미움
- **ugly** 못생긴; 심술궂은
- **nice-looking** 예쁜, 멋진
- **a gang of** 한 무리의
- **make sure** 꼭 ~하다, 확인하다
- **let out** 입밖에 내다 (let-let-let)
- **laugh** 웃음; 웃다
- **be away** 없다
- **be in charge** 담당하다

CHAPTER THREE The Parisians

Marius knew he had to save the old man and the young girl he loved. He went to the nearest police station and asked to speak to the chief.³

"He's away," said a policeman. "I'm the next-in-charge.  내가 다음 책임자요. My name is Inspector Javert. What do you want?"

✓ *Check Up*

Marius went to the police station to _____.

a ask them to find the girl he loved
b find out the old man's identity
c report M. Jondrette's plan

정답: c

1 종드레뜨의 딸이 나가자, 마리우스는 자신이 그 정체모를 아가씨에 대한 감정에 사로잡혀 있다는 걸 알았다. → find oneself + 보어: 자신이 ~한 상태임을 깨닫다
2 그 노인이 6시에 다시 오면, 친구들을 이리로 불러서 그가 가진 돈을 모두 내놓게 만들겠어. 그렇지 않으면 그는 두 다리로 걸어서 이 방을 나가지 못할 거야.
3 그는 가장 가까운 경찰서로 가서 서장과 면담하고 싶다고 요청했다.

Marius told the inspector about Jondrette's diabolical plan. When Javert heard the address, his eyes lit up. He gave Marius a small gun.

"When you hear trouble starting, shoot this out your window.¹ I'll be nearby, waiting for this signal to come in with my men."

- diabolical 극악무도한
- light up (눈, 얼굴이) 빛나다
- gun 총
- shoot (총을) 쏘다 (shoot-shot-shot)
- wait for ~을 기다리다
- signal 신호
- nervously 초조하게
- ready 준비하다; 준비가 된
- metal 금속의
- rope ladder 줄사다리
- in case... ~의 경우에 대비해서
- exactly 정확하게
- armed with ~으로 무장한
- pole 막대기
- rush into ~로 뛰어들다
- fire 발사하다

CHAPTER THREE The Parisians

Back in his room, Marius waited nervously. On the other side of the wall, M. Jondrette readied a metal bar in the fire and a long, sharp knife.² He put a rope ladder out his window in case they needed to make a quick escape.

At exactly six o'clock, the door opened, and the old man entered. He put four coins on the table. "That is for your rent and food. Now, what else do you need?"

After a few minutes of small talk, M. Jondrette called in his friends.³ Three men armed with metal poles rushed into the room. The old man picked up the broken chair, ready to fight.⁴ Marius prepared to fire his pistol.

"Don't you recognize me?" M. Jondrette asked the old man.

"No," the old man replied.

"My real name isn't Jondrette. It's Thenardier. Now do you know me?"

The old man trembled.

---

1 문제가 시작되는 소리가 들리면 창밖으로 이걸 쏘시오.
2 벽 반대편에선 종드레뜨 씨가 난로 속에 금속 막대를 넣고 길고 날카로운 칼을 준비했다.
3 몇 분간 담소를 나눈 후 종드레뜨 씨는 친구들을 불러들였다. → call in: ~을 불러들이다
4 노인은 부서진 의자를 들고 싸울 준비를 했다.

Upon hearing the name "Thenardier", Marius almost fell from the cupboard he was standing on.[1] It was the name of the man who had saved his father's life. Suddenly, he could not fire the gun to call the detectives as he had planned.[2]

"Eight years ago, you took Cosette away from us. She was bringing us lots of money. You're the cause of all our problems."

"You're just a dirty criminal," said the old man.

"You think I'm a criminal? I saved an officer's life at the Battle of Waterloo! I'm going to teach you a lesson!"

- upon -ing ~하자마자
- detective 형사, 탐정
- cause 원인
- pull out 뽑다
- burst open 홱 열리다 (burst-burst-burst)
- amid ~이 한창일 때에
- confusion 혼란, 혼동
- missing 없어진, 행방불명된

1 '테나르디에'라는 이름을 듣는 순간 마리우스는 서 있던 찬장에서 떨어질 뻔했다.
2 갑자기 그는 계획했던 대로 형사들을 부르기 위해 총을 쏠 수가 없었다.

CHAPTER THREE The Parisians

The old man tried to jump out the window, but the three men held him down.[3] Marius did not know what to do. Thenardier pulled out his long knife. He was preparing to kill the old man. But suddenly the door burst open, and Inspector Javert appeared with fifteen policemen. They began to arrest everybody in the room. Amid the confusion, the old man managed to escape out of the window.[4] He was gone before they noticed him missing.

갑자기 문이 열리더니 자베르와 경찰들이 나타났어.

✓ Check Up

빈칸에 들어갈 말을 본문에서 찾아 올바른 형태로 쓰세요.

The name "Thenardier" kept Marius from _____ _____ .

정답: firing the gun

---

3 노인은 창밖으로 뛰어내리려 했지만, 세 남자가 그를 붙잡아 내렸다.
4 혼란의 와중에 노인은 가까스로 창밖으로 탈출했다.

Chapter Three *Comprehension Quiz*

A 다음 문장을 사건이 일어난 순서에 따라 다시 배열하세요.

① M. Thenardier pulled out a long knife and prepared to kill the old man.
② The old man came back at 6 o'clock with more money.
③ Inspector Javert burst into the room with fifteen police officers.
④ Marius was shocked when M. Jondrette said his real name was Thenardier.
⑤ The old man escaped out of the window.

_____ ⇨ _____ ⇨ _____ ⇨ _____ ⇨ _____

B 밑줄 친 단어가 바르게 쓰인 문장을 고르세요.

① (a) The letters <u>stank</u> of cheap tobacco.
  (b) M. Thenardier prepared to <u>stank</u> the old man with his knife.

② (a) Marius <u>accepted</u> a big argument with his grandfather.
  (b) Pontmercy <u>accepted</u> the offer because he wanted his son to have a good life.

*A*nswers
A ② ⇨ ④ ⇨ ① ⇨ ③ ⇨ ⑤
B ①(a) ②(b)

C 다음 질문에 알맞은 답을 고르세요.

❶ What did Inspector Javert tell Marius to do when he heard trouble starting?

(a) Call the police.

(b) Shoot the gun out his window.

(c) Go into the room and fight the bad men.

❷ Where did Marius often see the old man and the young girl?

(a) In his apartment building

(b) At the police station

(c) At the Luxembourg Gardens

D 각 인물에 대한 설명으로 맞는 것을 찾아 연결하세요.

❶ Georges Pontmercy • • ⓐ His business was writing dishonest letters.

❷ M. Jondrette • • ⓑ He was a shy, handsome young man.

❸ Marius • • ⓒ He hated his son-in-law, Marius' father.

❹ M. Gillenormand • • ⓓ He was an officer who was injured at the Battle of Waterloo.

*A*nswers

C ❶ (b) ❷ (c)

D ❶ - ⓓ ❷ - ⓐ ❸ - ⓑ ❹ - ⓒ

Chapter Four

The Lovers & Revolution

RESPONSE NOTES

Marius did not want to give evidence against Thenardier out of respect for his father's wish.[1] Marius moved out of his room and in with his friend Enjolras.

One day, Marius was sitting by a stream, dreaming of his love, when he heard a familiar voice.[2] He looked up and recognized Eponine, the Thenardier's daughter.

"Finally, I've found you," she said. "I've looked everywhere." → 드디어 당신을 찾았군요.

Marius said nothing to her.

"You don't seem happy to see me," she said. "But I can make you happy if I want to." → 하지만 난 당신을 기쁘게 해줄 수 있어요 (make you happy).

- **lover** 연인
- **revolution** 혁명
- **evidence** 증거
- **respect for** ~에 대한 존경, 존중
- **dream of** ~에 대해 꿈꾸다
- **skip** 뛰어다니다 (skip-skipped-skipped)
- **a bit** 약간
- **jump up** 벌떡 일어서다
- **at once** 즉시, 바로
- **promise** 약속하다
- **back street** 뒷골목
- **tiny** 작은
- **wild** 야생의
- **footstep** 발소리
- **take a look** 보다
- **empty** 텅 빈

CHAPTER FOUR The Lovers & Revolution

"How?"

"I've got the address you wanted." 당신이 원하는 주소를 가지고 있어요.

His heart skipped a bit. He jumped up and grabbed her hand.

"Let's go at once!" he cried. "And promise you'll never tell your father the address!" 당신 아버지한테는 주소를 알려주지 말아요.

That night Cosette was alone in the house Jean Valjean had bought a year before. It was a small house on a back street with a tiny, wild garden. Valjean was away on business, and she was playing the piano when she heard footsteps in the garden.³ When she took a look, the garden was empty.

✓ Check Up

에포닌이 마리우스를 찾아온 이유는?

마리우스에게 코제트의 주소를 알려주려고.

1 마리우스는 아버지의 바람을 존중하는 마음에서 테나르디에게 불리한 증거를 제공하고 싶지 않았다.
   → out of: ~에서
2 어느 날 마리우스는 자신의 사랑을 꿈꾸며 시냇가에 앉아 있었는데, 그때 귀에 익은 목소리가 들렸다.
3 장발장은 볼일을 보러 나갔고 그녀는 피아노를 치고 있었는데, 그때 그녀는 정원에서 나는 발소리를 들었다. → on business: 볼일로

The following morning, Cosette found a stone lying on a nearby bench. When she picked it up, she could see an envelope that contained a small notebook filled with love poems.[1] She read them over and over and enjoyed everything about the poems. She remembered the handsome young man who was always looking at her in the Luxembourg Gardens, and she knew that these poems were from him.[2]

That night Cosette put on her best dress and made her hair look beautiful. Then she went into the garden and waited. Suddenly she felt she was being watched. It was he! His body was thinner, and his skin was paler than she remembered. But it was he.

"Forgive me for following you for so long. But ever since that day you looked at me in the gardens, I've been lost without you,"[3] said the young man.

- **envelope** 봉투
- **contain** 포함하다
- **notebook** 공책, 노트
- **poem** 시
- **over and over** 몇 번이고
- **put on** 입다 (put-put-put)
- **skin** 피부
- **forgive** 용서하다 (forgive-forgave-forgiven)
- **be lost** 방황하다
- **swoon** 기절하다
- **backward** 뒤쪽으로, 뒤를 향해
- **tightly** 단단히, 꽉
- **beneath** ~의 바로 밑에
- **overhead** 머리 위에

CHAPTER FOUR The Lovers & Revolution

Cosette was so overcome by his words that she swooned and fell backward.⁴ He caught her and held her tightly in his arms.

"Do you love me, too?" he asked her.

"Of course I do," she said. "You know I do."

Then they kissed and sat beneath the blanket of stars overhead.

1 그것을 집어들었을 때, 그녀는 사랑의 시가 가득 적힌 작은 공책이 담긴 봉투를 볼 수 있었다.
2 그녀는 뤽상부르 공원에서 항상 자신을 지켜보던 잘생긴 젊은이를 기억해냈다. 그리고 이 시들이 그가 보낸 것임을 알았다.
3 하지만 공원에서 당신이 나를 바라본 그날부터 나는 당신 없이 방황했습니다.
4 코제트는 그의 말에 너무나 압도된 나머지 기절해서 뒤로 쓰러졌다.

During the month of May 1832, Cosette and Marius met every day in the garden of that hidden little house.¹ All day they would hold hands and stare into each other's eyes. Marius was beginning to think he had gone mad with happiness.

On a beautiful, star-filled evening, Marius found a very unhappy Cosette sitting in the garden.²

행복해서 미쳐 버린 것 같아 (go mad).

- **hidden** 숨겨진
- **all day** 하루 종일
- **stare into** ~을 응시하다
- **go mad** 미치다
- **say to부정사** ~하라고 말하다
- **pack** (짐을) 꾸리다
- **coldly** 냉담하게
- **no later than** 늦어도 ~까지는

1 1832년 5월 한 달 동안 코제트와 마리우스는 그 숨겨진 작은 집 정원에서 매일 만났다.
2 별들이 가득한 어느 아름다운 저녁, 마리우스는 아주 불행한 얼굴을 한 코제트가 정원에 앉아 있는 것을 발견했다.
3 아버지는 모든 짐을 싸고 일주일 후에 영국으로 떠날 준비를 하라고 말씀하셨어요.

CHAPTER FOUR The Lovers & Revolution

"What's wrong?" Marius asked.

"My father says we may have to move again. He said to pack everything and be ready to go to England in a week."³

"Will you go with him?" Marius asked her coldly.

"What else can I do?"

"You're going to leave me." → 당신은 날 떠나려고 하는군요.

"Oh Marius, don't be so cruel," she said. "You could come, too."

"But I'm poor," he cried. "You need money to go to England.⁴ But I have an idea. I won't be here tomorrow."

"Why not?" Cosette cried. "What are you going to do?" → 내일은 여기 오지 않을 거요.

"Don't worry. I'll be back the day after tomorrow. I'll meet you here no later than 9 p.m. I promise."
→ 늦어도 9시까지는 올게요.

4 영국에 가려면 돈이 필요해요.
→ 여기서 you는 일반 주어로 쓰였다. you도 they처럼 종종 일반인을 나타낸다.

One Point

All day they **would** hold hands and stare into each other's eyes.
하루 종일 그들은 손을 잡고 서로의 눈을 응시했다.

would: ~하곤 했다 → 과거의 습관적인 동작을 나타낸다.

ex. I **would** play with my brother in the forest. 난 숲에서 동생과 놀곤 했죠.

81

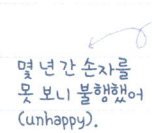

Marius' grandfather, M. Gillenormand, was now ninety years old. He was very unhappy that he had not seen his grandson for years. He was too proud to admit he was wrong, but he secretly hoped his beloved grandson would return one day.[1]

It was a June evening when M. Gillenormand was staring into the fire, thinking sad thoughts about Marius. Suddenly a servant appeared and asked, "Sir, will you accept a visit from Monsieur Marius?"

- grandson 손자
- proud 자존심이 강한
- secretly 몰래
- beloved 사랑하는
- thought 생각, 사고
- appear 나타나다
- shudder 떨다, 몸서리치다
- hold back 감추다, 억제하다
- frustration 좌절, 낙담
- blessing 축복, 은총; 찬성
- marriage 결혼
- get married 결혼하다
- currently 현재
- count 세다

CHAPTER FOUR The Lovers & Revolution

The old man shuddered for a moment and then in a quiet voice, said, "Show him in."

When the young man entered, he asked, "Why are you here? Have you come to apologize to me?" → 사과하러 왔느냐?

"No sir," Marius said, holding back his frustration. "I've come to ask you for your blessing of my marriage."²

"So you're twenty-one and want to get married. How much money are you currently making?" → 현재(currently) 얼마를 벌고 있느냐?

"Nothing."

"Then the girl must have money."

"I don't know."

"Twenty-one with no job and no money. Your wife will have to count her change carefully when she goes to the market."³

"Please, Grandfather! I love her so much! I beg you to bless us!" → 저희를 축복해 주세요(bless).

The old man gave a disgusted laugh. "Never!"

□ **change** 잔돈
□ **beg A to부정사** A에게 ~해달라고 간청하다
□ **bless** 축복하다, 은혜를 베풀다
□ **disgusted** 정떨어진, 분개한

1 그는 자존심이 너무 강해 자신이 잘못했다는 걸 인정할 수 없었지만, 속으로는 사랑하는 손자가 언젠가 돌아오길 바라고 있었다. → too... to부정사: 너무 …해서 ~할 수 없다
2 할아버지께 제 결혼을 승낙해 달라고 부탁드리러 왔습니다.
3 네 아내는 시장에 갈 때 잔돈을 잘 세야겠구나. → will have to부정사: ~해야 할 것이다

Marius was depressed and exhausted. When he returned to Enjolras' apartment, Enjolras was there with some of his revolutionary friends. The group was excited because there was about to be a battle in the streets between the government soldiers and the revolutionaries.[1]

After they left, Marius took out the gun Inspector Javert had given him in February. He put it in his pocket and wandered around the streets. At nine o'clock, he climbed into her garden, but she was not there as she had promised.[2] There were no lights on in the house, and the windows were closed. Marius was so upset that he beat his fists on the wall.

When he had no more energy left, he sat down. "She was gone," he told himself. There was nothing left for him to do but die.[3]

- **exhausted** 지친
- **revolutionary** 혁명의; 혁명당원
- **government** 정부
- **upset** 당황한, 화가 난
- **be gone** 없다, 사라지다
- **but** ~을 제외하고
- **barricade** 바리케이드, 장애물
- **figure** (사람의) 모습, 형체
- **run off** 달아나다, 급히 가다
- **shadow** 그늘, 어두운 곳; 그림자

1 정부군과 혁명군 사이에 곧 거리 전투가 벌어지려는 참이어서 그 무리는 아주 흥분해 있었다.
2 9시에 그는 그녀의 정원으로 기어 들어갔지만, 약속했던 것과 달리 그녀는 거기에 없었다.

CHAPTER FOUR The Lovers & Revolution

Then he heard a voice calling his name from the street, "Monsieur Marius!"

"What is it?" he replied.

"Monsieur Marius, your friends are waiting for you at the barricade in the Rue de Chanvrerie. They'll be fighting the soldiers soon." → 곧 병사들과 싸울 거예요.

When Marius looked over the wall, he saw the figure of the Thenardier's daughter, Eponine, running off into the shadows.[4]

✓ Check Up

마리우스의 현재 심정과 가장 가까운 단어를 고르세요.

a frustrated   b hopeful   c encouraged

3 "그녀가 가버렸어."라고 그는 혼자 중얼거렸다. 이제 죽는 것 말고는 할 일이 없었다.
4 담 너머로 고개를 돌렸을 때, 마리우스는 테나르디에의 딸인 에포닌의 모습이 어둠 속으로 급히 사라지는 것을 보았다.

85

The spring of 1832 found Paris in a state of revolution. When the despotic Charles X was overthrown by a peaceful revolution in 1830, King Louis-Phillipe assumed the throne.[1] The new leader failed to understand the needs and power of the poor and the concept of free speech. He often sent soldiers to attack citizens who were protesting in public.

The mood of the workers and the poor was inflamed. When General Lamarque died, their dissatisfaction erupted. General Lamarque had been popular with the French people because he was a staunch supporter of democracy and Napoleon.[2] The funeral began quietly, but when the large crowd of protesters tried to take the coffin away from the soldiers, shots were fired, and people began to die.[3] Paris was gripped in a state of war.

- **state** 상태, 사정, 형편
- **despotic** 전제적인, 횡포한
- **overthrow** 뒤엎다, 전복하다
- **peaceful** 평화로운
- **assume** (권력 등을) 쥐다, (임무를) 맡다
- **throne** 왕좌, 왕권
- **needs** 〈복수형〉 필요한 것
- **concept** 개념
- **speech** 발언, 연설
- **protest** 항의하다; 항의
- **in public** 공공연히, 대중 앞에서
- **inflame** 불태우다, 흥분시키다
- **general** 장군
- **dissatisfaction** 불만족
- **erupt** 폭발하다, 분출하다
- **staunch** 믿음직한, 충실한
- **supporter** 지지자, 후원자
- **democracy** 민주주의
- **funeral** 장례식
- **coffin** 관

CHAPTER FOUR The Lovers & Revolution

　Enjolras and his friends were building a barricade outside a wine shop in the market district. As they worked, a tall, gray-haired stranger joined them. Some boys joined their efforts as well. One of them was Eponine, who dressed as a boy so that she would be allowed to stay and help in their struggle.⁴

- **grip** 꽉 잡다, 사로잡다 (grip-gripped-gripped)
- **district** 지구
- **effort** 노력, 수고
- **struggle** 노력, 악전고투; 투쟁

1 폭정을 일삼던 샤를 10세가 1830년 평화 혁명으로 쫓겨나자 루이 필립 왕이 왕권을 쥐었다.
2 라마르크 장군은 민주주의와 나폴레옹의 충실한 지지자였기 때문에 프랑스 국민들에게 인기가 높았다. → be popular with: ~에게 인기 있다
3 장례식은 조용하게 시작되었지만, 대규모 시위대가 군인들에게서 관을 빼앗으려고 하자 총이 발사되고 사람들이 죽기 시작했다.
4 그들 중엔 에포닌도 있었다. 그녀는 남아서 그들의 투쟁을 돕는 걸 허락받기 위해 소년 복장을 하고 있었다. → so that...: ~하기 위해서

When they had finished building the barricade, Enjolras and his men took a rest. There were fifty of them preparing to fight against sixty thousand soldiers.¹ The odds were against them, and they knew it.

As they sat drinking their wine, Enjolras began to suspect the tall, gray-haired stranger of being a spy.² "You're a police officer sent here to spy on us. Admit it!" said Enjolras.

The man tried to deny it. But eventually he admitted the truth. He was a police spy.

"My name is Javert," said the man.

Enjolras took him prisoner and tied him to a post. Then he told him, "We are going to shoot you two minutes before the barricade falls."³

As Marius neared the barricade, the soldiers attacked.

- **odds** 가능성, 공산
- **suspect** 의심하다
- **spy** 스파이, 간첩
- **spy on** ~을 감시하다
- **deny** 부인하다
- **eventually** 결국
- **take A prisoner** A를 포로로 삼다
- **post** 기둥, 말뚝
- **bullet** 총알
- **whiz** 씽[핑]하고 날다
- **aim a gun at** 총을 ~에 겨누다
- **rebel** 반역자, 반란군; 반역하다

1 그들은 50명이었고, 6만 명의 군인들에 대항해 싸울 준비를 하고 있었다.
2 그들이 앉아서 포도주를 마시고 있을 때, 앙졸라는 흰 머리에 키가 큰 낯선 남자를 스파이로 의심하기 시작했다.

CHAPTER FOUR The Lovers & Revolution

Bullets whizzed everywhere. Marius saw Enjolras being attacked by a soldier. He pulled the gun from his pocket and killed the soldier. But while he was saving Enjolras, he did not see another soldier aiming a gun at him.⁴ The soldier fired, and at that moment, a boy jumped in front of the gun to save Marius. All around were the dead bodies of rebels and soldiers.

Check Up

본문의 내용과 맞으면 T, 틀리면 F를 쓰세요.

a. Javert admitted that he was a spy of the government soldiers. ____
b. Marius was shot while he was saving his friend. ____

정답: a. F b. T

3 우리는 바리케이드가 무너지기 2분 전에 당신을 총살할 것이오.
4 그러나 그가 앙졸라를 구하고 있는 사이 다른 군인이 자신에게 총을 겨누는 걸 보지 못했다.

After battling for some time, the soldiers took control of the top part of the barricade wall. Then everyone heard a voice say, "Get back, or I'll blow up this barrel of gunpowder, and we'll all die!"[1] It was Marius. He lowered his torch to the barrel, and all the soldiers retreated.

Enjolras was overjoyed to see Marius, and they embraced. Then Marius heard a weak voice call his name. He looked down and saw Eponine, dressed in the clothing of a boy and covered in blood.

"Don't worry," he said to her, "We'll get a doctor to help you!"

- take control of ~을 지배하다
- get back 물러서다
- blow up 폭파하다 (blow-blew-blown)
- barrel 통
- gunpowder 화약
- torch 횃불
- retreat 후퇴하다, 퇴각하다
- be overjoyed 미칠 듯이 기뻐하다
- embrace 포옹하다
- flow 흐르다
- knee 무릎
- forehead 이마
- keep 갖고 있다, 간직하다
- jealous of ~을 질투하는

1 물러나라, 그렇지 않으면 이 화약통을 폭파시키겠다. 그러면 우리 모두 죽게 될 것이다!
2 그녀는 머리를 그의 무릎에 올려놓고 자기가 죽으면 이마에 키스해 달라고 부탁했다.

CHAPTER FOUR The Lovers & Revolution

"No, it's too late," she said as the blood flowed from her like red wine. She put her head on his knee and asked him to kiss her forehead after she died.[2] Marius said he would.

Then she said, "I can't lie to you. I have a letter in my pocket that Cosette asked me to give you. I was going to keep it since I am so jealous of her. I am in love with you."

코제트가 전해 달라고 부탁한 편지를 갖고 있어요.

Then she died, and Marius kissed her forehead. He read the letter from Cosette:

> *My dear,*
>
> *We must leave this house now. We're going to number 7 Rue de l'Homme-Arme tonight. In a week we'll move to England. I hope I see you again.*
>
> *All of my love,*
> *Cosette, June 4th*

One Point

I was going to keep it since I am so jealous of her.
그녀에게 너무 질투가 나서 그 편지를 갖고 있으려고 했어요.

since: ① ~이래로 ② ~하기 때문에

ex. I couldn't attend the party **since** I was sick. 아파서 그 파티에 참석할 수 없었어요.

Marius kissed the letter. He still thought he would die on this evening of revolution, but he decided he must send her one last letter.[1] He pulled out his notebook and wrote:

> *Dearest Cosette,*
>
> *Our marriage is impossible. My grandfather has refused to give his blessing. I tried to see you, but you were gone. The situation here is very bad. I shall die tonight. I love you eternally, and my soul will always be near you.*
>
> 내 영혼은 늘 당신 곁에 있을 겁니다.
>
> *Love always,*
> *Marius*

- **pull out** 꺼내다
- **situation** 상황
- **eternally** 영원히
- **fold** 접다
- **pass by** 지나가다
- **darkness** 어둠
- **for the first time** 처음으로
- **care** 상관하다
- **catch one's eye** ~의 눈에 띄다
- **mirror** 거울
- **blotter** 압지, 압지대
- **dry** 말리다

CHAPTER FOUR The Lovers & Revolution

Then he folded the letter and wrote her address on it. A small boy was passing by, and Marius told him to take the letter to the address quickly.² The boy took the letter and ran off into the darkness.

Jean Valjean was very upset. He and Cosette had argued for the first time ever. She had not wanted to move out of the house. Now in their new house they went to bed without speaking to each other.³ → 처음으로 말다툼을 한 두 사람.

The next day, Valjean heard about the fighting in the city. But he did not care. He was happy that they would soon be in England. But then something caught his eye. In the mirror he could see the blotter that Cosette had used to dry the ink on a letter she had written.⁴ He began to read it and realized that she was in love with someone.

1 그는 여전히 이 혁명의 밤에 죽을 것이라고 생각했지만, 그녀에게 마지막 편지를 보내야 한다고 결심했다.
2 한 작은 소년이 지나가자, 마리우스는 그에게 편지를 그 주소지로 빨리 전해 달라고 말했다.
3 지금 새 집에서 그들은 서로에게 말도 하지 않고 잠자리에 들었다.
4 그는 거울을 통해 코제트가 써 놓은 편지의 잉크를 말리기 위해 사용했던 압지를 볼 수 있었다.

Jean Valjean felt angry and betrayed that someone wanted to take away the only person he had ever loved.¹ He knew that it must be the young man they had seen so often at the Luxembourg Gardens. He went out on the front step, his heart burning with hatred.

→ 증오(hatred)로 가슴이 불타고….

- **betrayed** 배신당한
- **take away** 빼앗다
- **front step** 현관 계단
- **burn** 타다
- **take revenge on** ~에게 복수하다
- **death** 죽음
- **National Guard** 국민군
- **loaded** 장전한, 탄알을 잰
- **collect** 모으다
- **disguise** 변장, 위장

1 장발장은 자신이 지금까지 사랑해왔던 유일한 사람을 누군가가 빼앗아가고 싶어 한다는 사실에 화가 났고 배신감을 느꼈다.

2 장발장은 이 남자에게 어떻게 복수할 수 있을지 궁리하고 있었는데, 그때 작은 소년이 코제트에게 전해 줄 편지를 들고 다가왔다.

CHAPTER FOUR The Lovers & Revolution

Valjean was wondering how he could take revenge on this man, when a small boy approached with a letter for Cosette.² He took the letter and read it. The words, "I shall die tonight," made him happy. The man's death would solve his problem. Perhaps the man was already dead.

Then Valjean realized that he would have to try to save this man for Cosette's happiness even though he hated this man more than anyone in the world.

Thirty minutes later, Valjean put on his old National Guard uniform, stuffed a loaded gun in his pocket, and left for the market district of Paris.³

That night, thirty-seven rebels survived behind the barricade. When they collected the dead, they found four National Guardsman uniforms. These uniforms could be used as disguises for the married men in their group.⁴

✓ *Check Up*

빈칸에 알맞은 단어를 본문에서 찾아 쓰세요.

Valjean decided to _____ Marius for Cosette's _____.

정답: save, happiness

3 30분 후에 장발장은 낡은 국민군의 군복을 입고, 주머니에 장전된 총을 넣고, 파리의 시장 지역을 향해 출발했다.
4 이 군복들은 그들의 무리 중 결혼한 사람들이 위장하는 데 사용될 수 있을 것이다.

The men began to argue about who would stay behind to fight since there were five married men and only four uniforms.[1] Each man wanted to be the one to make the sacrifice. Then a fifth National Guardsman uniform fell in front of them. It was Valjean's. "Now all five men can leave," he said. He joined the group behind the barricade. Shortly after, the soldiers began firing cannonballs at them. The barricade began to crumble under the attack.

As the fighting began, Valjean asked Enjolras if he could be the one to execute Inspector Javert.[2] Enjolras said, "You deserve a reward for giving us that uniform, so yes. Take him in back of the alley, and shoot him."

Valjean took Javert back to the alley. On a nearby pile of corpses was the dead body of Eponine. "I think I know that girl," Javert said, sadly resigned to his fate. "Now take your revenge."

- **make a sacrifice** 희생하다
- **cannonball** 포탄
- **crumble** 무너지다, 부스러지다
- **execute** 처형하다
- **deserve** ~을 받을 자격이 있다
- **reward** 보상, 보답
- **alley** 골목, 골목길
- **corpse** 송장, 시체
- **resigned to one's fate** 피할 수 없는 운명이라고 각오한 (fate: 운명)
- **bind** 묶다 (bind-bound-bound)
- **wrist** 손목
- **be free to부정사** 자유롭게 ~하다
- **embarrassing** 당황스러운, 난처한

CHAPTER FOUR The Lovers & Revolution

Valjean pulled out his gun and fired it into the air. Then he took out his knife and cut the rope binding Javert's wrists.³ "You are free to go," he said. → 마음대로 가도 좋소.

"This is embarrassing," said Javert. "I'd rather you just kill me." → 차라리 날 죽이시오.

1 그들은 누가 뒤에 남아서 싸울 것인지를 두고 논쟁을 벌이기 시작했다. 왜냐하면 결혼한 사람은 5명 있었지만 군복은 4벌뿐이었기 때문이다.
2 싸움이 시작되자 장발장은 앙졸라에게 자신이 자베르 경감을 처형할 사람이 될 수 있는지 물었다.
3 그런 다음 그는 칼을 꺼내 자베르의 손목에 묶여 있던 밧줄을 끊었다.

Chapter Four — Comprehension Quiz

A 다음 각 인물이 한 말을 찾아 연결하세요.

❶ M. Gillenormand • • ⓐ My father says we may have to move again.

❷ Eponine • • ⓑ Forgive me for following you for so long.

❸ Cosette • • ⓒ I have a letter that Cosette asked me to give you.

❹ Marius • • ⓓ Have you come to apologize to me?

B 빈칸에 알맞은 말을 골라 쓰세요.

| overthrown swooned supporter retreated evidence |

❶ Marius did not want to give _____ against Thenardier.

❷ She was so overcome by his words that she _____ and fell backward.

❸ Charles X was _____ by a peaceful revolution in 1830.

❹ General Lamarque was a staunch _____ of democracy and Napoleon.

❺ Marius lowered his torch to the barrel, and the soldiers _____.

*A*nswers

A ❶ – ⓓ ❷ – ⓒ ❸ – ⓐ ❹ – ⓑ
B ❶ evidence ❷ swooned ❸ overthrown ❹ supporter ❺ retreated

C 다음 질문에 알맞은 답을 고르세요.

❶ What was in the envelope that Marius left in Cosette's garden?

(a) A notebook of love poems

(b) A love letter

(c) A letter asking for money

❷ Who built a barricade in the market district?

(a) M. Thenardier and his friends

(b) Inspector Javert and government soldiers

(c) Enjolras and his revolutionary friends

D 다음 문장이 본문의 내용과 일치하면 T, 일치하지 않으면 F에 표시하세요.

❶ Eponine refused to give Marius Cosette's address.   T   F

❷ Marius and Cosette met secretly in the garden of her house.   T   F

❸ Marius was happy when Cosette told him she would move to England.   T   F

❹ M. Gillenormand hoped that Marius would return to him one day.   T   F

❺ Marius put the gun in his pocket to shoot Jean Valjean.   T   F

*A*nswers

C   ❶ (a)   ❷ (c)

D   ❶ F   ❷ T   ❸ F   ❹ T   ❺ F

Understanding the Story

이 작품에는 18, 19세기의 역사적·철학적 배경이 심오하게 깔려 있습니다. 그럼, 간단하게나마 이에 대해 알아볼까요?

The Background for the Story

소설에 나타난 역사적·철학적 배경

To get a better understanding of *Les Miserables*, it is important to consider the historical and philosophical background for the story. Eighteenth century France saw growing philosophical turmoil and political unrest. The population was becoming increasingly aware of social injustice because of the works of radical writers like Voltaire, David Hume, and the like. The ideas contained in their works encouraged readers to challenge the rigid, religious traditions of society and its foundations, leading indirectly to the French revolution and the Napoleonic era which form the backdrop and historical context for the events of *Les Miserables*.

---

philosophical 철학적인 **turmoil** 혼란, 동요 **political** 정치적인 **unrest** 불안 **unjustice** 불공평, 부정
radical 급진적인 **contain** 담다 **rigid** 엄격한 **religious** 종교적인 **tradition** 전통 **backdrop** 배경

《레 미제라블》을 보다 잘 이해하려면 이 소설의 역사적·철학적 배경을 고려하는 게 중요합니다. 18세기 프랑스는 철학적 혼란과 정치적 불안이 커지고 있었습니다. 사람들은 볼테르나 데이비드 흄과 같은 급진파 작가들의 작품 때문에 사회적 불공평에 대해 점차 알게 되었습니다. 그들의 작품에 담긴 사상은 독자들로 하여금 엄격하고 종교적인 사회 전통과 그 뿌리에 도전하도록 부추겼고, 이는 간접적으로 프랑스 혁명과 나폴레옹 시대의 발단이 됩니다. 이것이 《레 미제라블》에서 일어난 사건들의 배경과 역사적 정황을 이룹니다.

This work captures the philosophical changes of the times as well. People wanted to move away from the cold religious dogma that gave no room for sin toward a more tolerant and caring approach. This movement was called the "Enlightenment." This movement gave birth to the ideas that God and sin do not exist and the only truth is that humans are morally free. However, this freedom also had restrictions, in that it became wrong to take away anyone's freedom. So then, one might ask, how should we live our lives? In *Les Miserables*, Hugo suggests that we begin by recognizing our responsibilities toward each other, both as individuals and collectively as a society. These ideas are clearly reinforced in the actions of the Bishop and Jean Valjean.

capture 사로잡다 dogma 교리 tolerant 관대한 the Enlightenment 계몽운동 morally 도덕적으로 restriction 제약, 제한 responsibility 책임 individual 개인 reinforce 강화하다

이 작품은 그 시대의 철학적 변화도 포착합니다. 사람들은 죄에 대해 전혀 여지를 주지 않던 냉혹한 종교 교리에서 벗어나 좀더 관대하고 타인을 돌보는 방향으로 가고자 했습니다. 이런 운동을 '계몽운동'이라고 불렀죠. 이 운동은 신과 죄는 존재하지 않으며, 인간이 도덕적으로 자유롭다는 것만이 유일한 진실이라는 사상을 낳았습니다. 하지만 이런 자유 또한, 어느 누구에게서든 자유를 빼앗는 것은 잘못된 일이라는 점에서 제약을 갖고 있었습니다. 그러면 혹자는 '우리는 어떻게 살아가야 하는가?'라고 질문할 수도 있겠죠. 《레 미제라블》에서 위고는, 개개인으로서 그리고 집합적으로는 사회로서, 서로에 대한 우리의 책임을 인식하는 것부터 시작하자고 제안합니다. 이러한 생각은 주교와 장발장의 행동에서 명확하게 강화됩니다.

CHAPTER FIVE

Redemption

RESPONSE NOTES

한 명씩(one by one) 쓰러지는 반란군들.

The soldiers amassed their numbers and rushed the barricade. One by one, all of the rebels fell. Marius was shot in the shoulder and felt someone grab him. He thought he would be captured and executed by the soldiers as he lost consciousness.[1] Enjolras swung his sword defiantly under a hail of bullets. He was the last rebel to die.

Marius was not taken prisoner. After he was shot and passed out, Valjean grabbed him and pulled him into the alley behind the barricade.[2]

탈출구(escape)는 없는 듯.

There seemed to be no escape from the advancing soldiers. Valjean looked all around. Then he saw the answer. There on the street was a hole covered by an

- **redemption** 되찾기; 구원
- **amass** 쌓다, 모으다
- **rush** 돌격하다, 돌파하다
- **capture** 붙잡다, 생포하다
- **consciousness** 의식
- **swing** 휘두르다
  (swing-swung-swung)
- **defiantly** 도전적으로, 반항적으로
- **a hail of** ~의 빗발
- **pass out** 의식을 잃다
- **escape** 도주로, 비상구
- **advance** 전진하다, 나아가다
- **grill** 철판, 석쇠
- **lift** 들어올리다
- **hoist** 들어올리다
- **sewer** 하수구
- **slippery** 미끄러운
- **struggle to**부정사 ~하려고 애쓰다

iron grill. Valjean lifted the grill, hoisted Marius onto his shoulders, and climbed down into the sewers of Paris.

Down there it was slippery and dark. Valjean struggled to carry Marius as he trudged through the river of flowing sewage into the blackness before him.³

After walking for a long time, he had to take a rest. He stopped to bandage Marius' bleeding wounds. In the young man's pocket he found a note:

> *I am Marius Pontmercy. My body should be taken to my grandfather M. Gillenormand's house at 6 Rue des Filles-der Calvaire in the Marais.*

제 시신을
할아버지에게
전해 주세요.

□ **trudge** 터벅터벅 걷다
□ **sewage** 하수, 오물
□ **blackness** 암흑
□ **bandage** ~에 붕대를 감다; 붕대
□ **bleeding** 출혈이 있는
□ **wound** 상처

1 그는 의식을 잃으면서 자기가 군인들에게 붙잡혀서 처형 당할 거라고 생각했다.
2 그가 총에 맞아 의식을 잃었을 때, 장발장이 그를 붙잡아서 바리케이드 뒤에 있는 골목으로 끌고 갔다.
3 장발장은 애써 마리우스를 둘러메고 흐르는 하수도 물을 따라 자기 앞에 펼쳐진 어둠 속으로 터벅터벅 걸어갔다.

Valjean memorized the address and continued his journey through the sewer toward the river. After many hours, he could see light at the end of the long tunnel. But when he got there, the iron gate between the sewer and their freedom was locked.¹ Valjean let out a cry of despair. There was no way out.

- **memorize** 기억하다, 외우다
- **continue** 계속하다
- **journey** 여정
- **tunnel** 터널, 굴
- **gate** 큰 문, 대문
- **freedom** 자유
- **despair** 절망
- **waste** 쓰레기
- **unlock** 자물쇠를 열다
- **scurry off** 허둥지둥 달아나다
- **rat** 쥐
- **riverbank** 강둑
- **splash** (물을) 튀기다
- **chase** 뒤쫓다

CHAPTER FIVE Redemption

Then he felt a hand on his shoulder. It was M. Thenardier. He had escaped from prison into the sewers. He showed Valjean a key to the locked iron gate he had stolen.

"I see you've killed this man," said Thenardier. "I'll let you through this gate if you give me half of what you stole from his pockets."²

Valjean said nothing. He reached in his pocket and gave Thenardier thirty francs. "You killed a man for this little money. What a waste!" said Thenardier as he unlocked the gate, and then he scurried off into the sewers like a rat.

Valjean climbed up the riverbank to the world above. There he stopped to splash some water on Marius' face. But standing there was another man. It was Javert. The inspector had been chasing Thenardier after he had escaped from prison.³

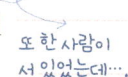
또 한 사람이
서 있었는데….

✓ *Check Up*

본문의 내용과 맞으면 T, 틀리면 F를 쓰세요.

a Thenardier asked Valjean for money to unlock the gate.
b Javert was still following Jean Valjean after he was freed.

정답: a. T b. F

1 그러나 그가 그곳에 도착해 보니, 하수구와 그들의 자유 사이에 놓인 철문은 잠겨 있었다.
2 당신이 그의 호주머니에서 훔친 것의 절반을 내게 준다면 이 문으로 당신을 내보내 주겠소.
3 그 경감은 테나르디에가 감옥에서 도망친 후 그의 뒤를 쫓고 있었다.

"Please help me take this man home. He's badly injured," said Valjean. Javert looked unhappy but agreed to help him. They put Marius in a carriage and told the driver the address. At the gate of M. Gillenormand's house, Valjean told Javert he could arrest him after he took the boy inside.[1] But when Valjean returned to the waiting carriage, Inspector Javert was gone.

When M. Gillenormand saw Marius' lifeless body, he cried, "He's dead, the fool! He did this to punish me!"

Then a doctor examined Marius.

"He might live," the doctor said. "The wound to his body is not serious, but there are some deep cuts on his head."[2]

"Ah, my grandson!" M. Gillenormand cried with joy. "You're alive after all!"

- **agree to** 부사 ~하는 데 동의하다
- **carriage** 마차
- **lifeless** 생명 없는, 활기 없는
- **punish** 벌주다
- **examine** 진찰하다, 조사하다
- **serious** 심각한
- **cut** 베인 상처
- **after all** 아무튼, 어쨌든; 결국
- **generosity** 관대함, 너그러움
- **commit suicide** 자살하다

1 질노르망 씨의 저택 정문 앞에서 장발장은 자베르에게 마리우스를 안으로 데려다 준 후에 자신을 체포해도 좋다고 말했다.

CHAPTER FIVE Redemption

The next morning, Javert's body was found in the river. He was an unhappy man who was unable to understand the kindness and generosity of Valjean.³ He had committed suicide.

✓ Check Up

본문의 내용과 틀린 것은?

a Javert did not arrest Valjean and killed himself.
b Marius was badly wounded in the head.
c M. Gillenormand blamed Valjean for his grandson's injury.

2 그의 몸에 난 부상은 심하지 않은데, 머리에 깊이 베인 상처가 있군요.
3 그는 장발장의 친절과 관대함을 이해할 수 없는 불행한 사람이었다.

Marius spent the next three months recuperating.

"Grandfather," he said one day, "I still plan to marry Cosette."

"Of course, my boy," said M. Gillenormand, who had become a much kinder man since his grandson was returned to him alive.¹ "It's all been arranged. She's just waiting for you to heal properly as the doctor ordered. I've gotten to know her and her father. I think she's a charming girl."

Marius was overjoyed. Later that day, Cosette came to visit him with her father, who had a strangely nervous smile.²

Their wedding was set to take place in February of the following year. The happy couple decided they would live with M. Gillenormand after they were married.

- recuperate 회복하다
- arrange 준비하다
- heal 낫다, 회복하다
- properly 완전하게; 적당히, 알맞게
- get to know 알게 되다
- charming 매력적인
- wedding 결혼식
- be set 정해지다
- besides ~이외에
- thief 도둑
- respect 소중히 여기다, 지키다
- silent 조용한

1 "물론이지, 애야." 하고 질노르망 씨는 말했다. 그는 손자가 살아서 그에게 돌아오게 된 후로 훨씬 다정다감한 사람이 되었다.
→ much + 비교급: 훨씬 더 ~한 (even, much는 비교급을 강조 수식한다.)

2 그날 늦게 코제트가 아버지와 함께 그를 보러 왔는데, 그 아버지는 묘하게 불안한 미소를 짓고 있었다.

CHAPTER FIVE Redemption

For Marius, there were only two important things to do besides preparing to be married.³ He wanted to find Thenardier. Even though he knew the man was a terrible thief, he desperately wanted to respect his father's last wish. Secondly, he wanted to find whomever it was who saved his life on the night he was shot.⁴ He often spoke of this to Cosette and Valjean, but Valjean was always silent.

못된 도둑이지만, 아버지의 마지막 소원(last wish)을 들어 드리고 싶어.

✓ Check Up
마리우스가 찾고 싶어 하는 두 사람은?

정답: 테나르디에와 자기 생명의 은인

3 마리우스에게는 결혼 준비 이외에 해야 할 두 가지 중요한 일이 있었다.
4 두 번째는 자신이 총에 맞은 그날 밤 자기 생명을 구해 준 사람을 그가 누구든 찾고 싶었다.

The night of the wedding was wonderful. The only thing that made Cosette unhappy was that Valjean had said he felt ill and had gone home before the feast.¹

Valjean was at home crying. He remembered the little girl he had rescued from the Thenardiers ten years earlier. He felt very sad that he was no longer the most

- **feast** 축하연, 잔치
- **rescue** 구출하다
- **no longer** 더 이상 ~않다
- **past** 지난

1 다만 코제트는 장발장이 몸이 안 좋다고 하면서 축하연이 시작되기 전에 집으로 돌아간 것이 마음에 걸렸다. → make + A + 형용사: A를 ~하게 만들다
2 하지만 만약 그가 진실을 말하지 않는다면, 자신의 영혼을 잃게 될 거라고 생각했다.

CHAPTER FIVE Redemption

important man in her life. And he remembered that he was Jean Valjean, a criminal who had spent nineteen years in prison and who had stolen the silverware from the kind bishop's house. Not even Cosette knew the truth about him. If she and Marius knew, he would lose their love and respect. But if he didn't tell the truth, he felt he would lose his own soul.[2]

The next day, Valjean went to talk to Marius. He told the young man everything about his past life.

"You must promise not to tell her," said Valjean.

"I won't tell her," said Marius, "but you shouldn't spend very much time around her any more."

"Oh, but you must let me see her sometimes," begged Valjean. "Without her, I'd have nothing to live for."

"You may visit her for a short time in the evenings," said Marius.

One Point

Without her, I'd have nothing to live for.
그 아이가 없다면 내겐 살아갈 이유가 없다네.

without: ~이 없으면 → without은 종종 조건의 의미로 쓰인다.

ex. **Without** air, we could not live. 공기가 없다면 우리는 살 수 없다.

In the evenings, Valjean would come to visit Cosette in a small room with two chairs and a fire. She begged him to come and live with them, but he always declined.¹ He would not even let her call him "father" any more. "You have a husband now. You don't need a father."

- decline 거절하다
- gradually 점점, 점차
- accept 받아들이다
- altogether 완전히, 전적으로
- private 사적인 (↔ public)
- research 조사
- fortune 재산; 운
- disappear 사라지다
- hall 홀, 큰 방
- be shocked 깜짝 놀라다

1 그녀는 그에게 와서 자기들과 함께 살자고 간청했지만, 그는 항상 거절했다.
2 하지만 이제 그녀가 그를 '장 아저씨'라고 부르게 되자, 그는 점점 그녀에게 다른 사람이 되어 갔다.

CHAPTER FIVE Redemption

But as she now called him "Monseiur Jean", he gradually became a different person to her.² She began to accept his visits less and less. After some time, they stopped visiting altogether.

Marius felt it was good to get Valjean out of Cosette's life. In his private research on Valjean, he knew that Valjean's fortune came from a wealthy Mayor Madeline, who had disappeared.³ After learning this fact, he would not let Cosette use any of the money Valjean had given her.

Then one evening, a servant brought Marius a letter and said the writer was waiting in the hall. The letter smelled of cheap tobacco and had some familiar handwriting. When he met the visitor, he was shocked to find M. Thenardier.⁴ The terrible man was there to ask for money.

✓ Check Up

본문의 내용과 틀린 것은?

a Valjean made Cosette call him "Monseiur Jean."
b Cosette spent all the money Valjean had given.
c The man who visited Marius was M. Thenardier.

정답: b

3 장발장에 대해 개인적으로 조사해 본 마리우스는 장발장의 재산이 사라져 버린 부유한 마들린 시장의 것임을 알게 되었다.
4 방문객을 만났을 때, 그는 테나르디에 씨임을 알고는 깜짝 놀랐다.

"I have some interesting information to tell you about your wife's father," said M. Thenardier.

"I already know about him," said Marius.

"But the man who you think is your wife's guardian is actually a murderer and a thief named Jean Valjean."[1]

"I know," said Marius, "I'm aware that he robbed a wealthy factory owner named Mayor Madeline and that he executed Inspector Javert."[2]

"That is incorrect," said Thenardier. "He didn't rob Mayor Madeline. He was Mayor Madeline! And he didn't kill Inspector Javert. Javert killed himself."

Thenardier showed Marius a newspaper clipping he had about the inspector's suicide. "But he did kill a young man whose body I saw him carrying through the sewer.[3] I even have a piece of the young man's coat as proof."

- **information** 정보, 소식
- **actually** 사실, 실제로
- **murderer** 살인자
- **be aware that...** ~을 알다
- **rob** 강탈하다 (rob-robbed-robbed)
- **owner** 소유자, 주인
- **named** ~라는 이름의
- **incorrect** 틀린, 부정확한
- **clipping** (신문 등에서) 오려낸 기사
- **proof** 증거
- **bloody** 피투성이의
- **scrap** 작은 조각

CHAPTER FIVE Redemption

Then Thenardier showed Marius the bloody scrap coat. Marius recognized it as his own. 내 거잖아!

"That young man was me!" cried Marius.

He suddenly realized that Valjean was the man who had saved his life.[4]

1 하지만 당신이 아내의 보호자라고 생각하는 그 남자는 사실 장발장이라는 살인자이자 도둑입죠.
2 그가 마들렌 시장이라는 부유한 공장 주인에게서 돈을 훔쳤고 자베르 경감을 처형했다는 것도 알고 있소.
3 하지만 그는 젊은이 한 명을 죽였죠. 그가 그 젊은이의 시체를 하수구에서 옮기는 걸 내가 봤어요.
  → did kill: 강조 용법. 일반 동사를 강조할 때는 조동사 do를 사용한다.
4 그는 문득 장발장이 자신의 생명을 구해 준 사람이라는 걸 깨달았다.

115

Marius gave Thenardier enough money to take his remaining daughter, Azelma, to America and start a new life.¹ Then he ran to Cosette and told her everything.

- remaining 남아 있는
- life 삶, 생활; 생명
- slump 푹 쓰러지듯 앉다
- tear 눈물
- guilt 죄
- shame 부끄러움, 치욕
- be ashamed 부끄럽다
- owe A B A에게 B를 빚지다
- be obliged to ~에게 은혜를 베풀다
- worthless 가치 없는

CHAPTER FIVE Redemption

"Your father was the man who saved me! We must go to him at once!"

When they knocked at Jean Valjean's door, they heard a weak voice say, "Come in."[2]

"Father," cried Cosette, who ran to the old man who slumped in a chair.

"So you've decided to forgive me," said Valjean.

Marius cried tears of guilt and shame, "Oh, I'm so ashamed. Valjean, why didn't you tell me that I owed you my life?"[3]

"I didn't want you to be obliged to a worthless criminal." said Valjean.

"You're going to come and live with us," said Marius.

"This time you can't refuse," said Cosette. But when she took his hands in hers, they were very cold.[4] "Oh, are you ill, Father?"

---

1 마리우스는 테나르디에게 그의 남은 딸 아젤마를 미국으로 데려가 새로운 삶을 시작할 수 있을 만큼 충분한 돈을 주었다.
2 그들이 장발장의 방문을 두드리자, "들어오시오."라고 말하는 희미한 목소리가 들렸다.
3 장발장 씨, 왜 제 목숨을 구해 주셨다고 말씀하지 않으셨어요?
4 하지만 그녀가 그의 손을 잡았을 때, 그 손은 아주 차가웠다. → they = his hands

"No, not ill," said Valjean. "I'm dying. But to die is nothing. Not to live is terrible."

Valjean's breathing became difficult. He pointed to a nearby table.

"Cosette, I want you to have those silver candlesticks. The person who gave them to me is watching us now. I hope he is pleased. Now, Cosette, the time has come for me to tell you about your mother.[1] Her name was Fantine. You mustn't forget it. She loved you very much and suffered greatly. Her great sorrow was as much as your great happiness is now.[2] God balances things that way. I will leave you now, but remember to always love each other. Love is the only thing that matters in life."

- **breathing** 숨쉬기, 호흡
- **point to** ~을 가리키다
- **pleased** 기쁜, 만족스러운
- **suffer** 고생하다
- **sorrow** 슬픔
- **balance** 균형을 맞추다; 균형
- **matter** 중요하다
- **kneel** 무릎 꿇다 (kneel-knelt-knelt)
- **final** 마지막의
- **breath** 숨
- **lip** 입술
- **peaceful** 평화로운

1 자, 코제트, 네게 네 어머니에 대한 얘기를 해줄 때가 되었구나.
2 그녀의 슬픔은 지금 너의 큰 행복만큼 컸단다. → as much[many] as ...: ...만큼 많은
3 코제트와 마리우스는 장발장 옆에 무릎을 꿇고, 그의 입술에서 마지막 숨이 흘러나올 때 눈물을 흘렸다.

CHAPTER FIVE Redemption

Cosette and Marius knelt beside Valjean, weeping as the final breath escaped from his lips.[3] In the light of the two candlesticks, they could see on his face a peaceful smile.

✓ Check Up

빈칸에 알맞은 말을 쓰세요.

Valjean's last words to Marius and Cosette were that they should always ____ ____ ____.

정답: love each other

One Point

I will leave you now, but **remember to** always **love** each other.
난 이제 너희들 곁을 떠나겠지만, 항상 서로 사랑할 것을 잊지 말아라.

remember + to부정사: ~할 것을 기억하다
remember + 동명사: ~했던 것을 기억하다

ex. I **remember meeting** him at the park. 난 공원에서 그를 만난 일이 기억나.

Chapter Five — Comprehension Quiz

A. 다음 각 인물이 한 말을 찾아 연결하세요.

1. Jean Valjean • • ⓐ You may visit her for a short time in the evenings.

2. M. Thenardier • • ⓑ She's just waiting for you to heal properly as the doctor ordered.

3. Marius • • ⓒ I have some interesting information about your wife's father.

4. M. Gillenormand • • ⓓ To die is nothing. Not to live is terrible.

B. 다음 문장이 본문의 내용과 일치하면 T, 일치하지 않으면 F에 표시하세요.

1. Marius was unable to heal from his wounds at the barricade. T F

2. M. Gillenormand thought Cosette was a charming girl. T F

3. Jean Valjean told Cosette the truth about his past as a criminal. T F

4. After learning about Valjean's past, Marius thought it was good to get Valjean out of Cosette's life. T F

5. Valjean died with a sad frown on his face. T F

Answers

A ❶ – ⓓ ❷ – ⓒ ❸ – ⓐ ❹ – ⓑ
B ❶ F ❷ T ❸ F ❹ T ❺ F

C 다음 질문에 알맞은 답을 고르세요.

❶ Why didn't Marius allow Cosette to spend the money Valjean had given her?

(a) Because he wanted to earn their own money.

(b) Because he felt they didn't need the money.

(c) Because he thought the money had been stolen from Mayor Madeline.

❷ Why didn't Valjean tell Marius that he had saved his life?

(a) Because he was waiting for the right time to tell him.

(b) Because he didn't want Marius to feel obligated to a worthless criminal.

(c) Because Marius hated Valjean and wanted him to die.

D 빈칸에 알맞은 말을 골라, 필요하면 변형해서 쓰세요.

| bandage | recuperate | execute | decline |

❶ Jean Valjean stopped to _____ Marius' bleeding wounds.

❷ Marius spent the next three months _____.

❸ She begged Valjean to come and live with them, but he always _____.

❹ Marius thought that Valjean had _____ Javert.

---

*A*nswers

C ❶ (c) ❷ (b)

D ❶ bandage ❷ recuperating ❸ declined ❹ executed

권말 부록

독해 길잡이 | **리스닝 길잡이**

권말부록 ❶
독해 길잡이

영문 독해력 향상을 위한
영어의 **직독직해 훈련**

영문의 의미를 정확하게 파악하면서도 빠르게 읽기 위해서는 영문을 어순 그대로, 처음부터 눈으로 따라가면서 해석해야 합니다. 말이 쉽지 잘 안 되신다고요? 슬래시(/)만 있으면 어려울 게 없답니다.

직독직해는 '문장 쪼개기'에서 시작

영어의 문장은 '의미의 덩어리(하나의 의미를 가진 어구)'로 이루어져 있습니다.
각 의미 덩어리들을 슬래시(/)로 쪼개어 각각의 의미를 파악해 봅시다.

He knew / that she told a lie / at the party. //
그는 알았다 / 그녀가 거짓말했다는 것을 / 파티에서 //
→ 그는 그녀가 파티에서 거짓말한 것을 알았다.

As she was walking / in the garden, / she smelled /
그녀는 걸으면서 / 정원에서 / 그녀는 냄새 맡았다 /

something wet. //
젖은 뭔가를 //
→ 그녀는 정원에서 걷다가 뭔가 축축한 냄새를 맡았다.

한 문장을 몇 개로 쪼갤 것인가?

어디에 슬래시를 넣어 하나의 의미단위를 삼는가 하는 것은 개인마다 차이가 있지만, 일반적으로 '주어 + 동사' 다음, and, but 등의 접속사 앞, that, who 등의 관계사 앞, 부사구 등의 앞뒤에서 끊게 됩니다.

초보자의 경우에는 한 문장 안에 슬래시가 많이 들어가게 되지만, 독해 실력이 향상될수록 슬래시의 개수가 줄어들 것입니다. 조만간 그리 복잡하지 않은 문장은 슬래시를 넣지 않고도 한눈에 해석할 수 있게 될 것입니다.

슬래시를 이용한 직독직해를 하면,

1. 영문의 어순과 구조에 익숙해진다.
2. 독해 속도가 빨라진다.

또한 들리는 대로 바로바로 이해해야 하는 영어 리스닝에도 효과적입니다.
이제 문장의 뒤에서부터 해석해 올라오는 습관은 하루 빨리 버리세요.

직독직해로 다시 읽는 〈레 미제라블〉

본문 중에서 일부를 발췌했습니다.
의미단위별로 문장을 끊어 두었으니 다시 한번 읽으면서 직독직해 연습을 해봅시다.

One cold evening in October of 1815, / a man with a long beard
1815년 10월 어느 추운 저녁, / 긴 수염에 더러운 옷을 입은 한 남자가

and dirty clothes / walked into the French town of Digne. //
/ 프랑스의 디뉴라는 마을로 걸어 들어왔다 //

The man was in his forties / and very strong. //
그 남자는 40대였다 / 그리고 아주 건장했다 //

He carried a bag and a walking staff. //
그는 가방과 지팡이를 들고 있었다 //

The man entered an inn / and said to the innkeeper, //
그 남자는 어느 여관으로 들어갔다 / 그리고 여관 주인에게 말했다 //

"I've been traveling / for a long time, / and I'm very tired. //
나는 여행을 하고 있었습니다 / 아주 오랫동안 / 그리고 아주 지쳐 있습니다 //

I need a meal and a place to sleep. // I have money to pay you." //
나는 식사와 잠자리가 필요해요 // 나는 당신에게 지불할 돈이 있습니다 //

The innkeeper looked closely / at the strange man. //
여관 주인은 자세히 살펴보았다 / 그 낯선 남자를 //

"I know / who you are. // You are Jean Valjean. //
나는 알고 있소 / 당신이 누구인지 // 당신은 장발장이오 //

You've just been released / from prison. //
당신은 이제 막 풀려났지 / 감옥에서 //

I don't serve people / like you! // Get out of here / immediately!" //
난 사람들을 시중들지는 않소 / 당신 같은 // 여기서 나가시오 / 당장 //

Jean Valjean left peacefully. //
장발장은 조용히 떠났다 //

Outside it was dark, cold, and windy. //
밖은 어둡고, 춥고, 바람이 불었다 //

He was desperate / for a place to rest. //
그는 필사적이었다 / 쉴 곳을 위해 //

He lay down / on a stone bench / in front of a church /
그는 누웠다 / 돌 벤치에 / 어느 교회 앞에 있는 /

and tried to sleep. //
그리고 잠을 자려고 했다 //

But a woman came out and asked, /
그러나 한 여인이 나와서 물었다 /

"How can you sleep outside / on that stone bench?" //
어떻게 밖에서 잘 수 있어요 / 그런 돌 벤치 위에서 //

"I've been sleeping / on a wooden one in prison /
난 자왔소 / 감옥의 나무 의자에서 /

for nineteen years. // What's the difference?" //
19년 동안 // 무엇이 다르오? //

The woman pointed to a small house / next to the church. //
그 여인은 작은 집을 가리켰다 / 교회 옆에 있는 //

"You could stay there," / she said. //
저곳에 묵을 수 있어요 / 그녀는 말했다. //

The Bishop of Digne was a gentle, old man /
디뉴의 주교는 친절한 노인이었다 /

who lived with his sister and a servant. //
여동생과 하녀와 함께 사는 //

He helped anyone / who was in need, /
그는 누구든지 도와주었다 / 곤경에 처한 /

and he never locked his doors. //
그리고 문을 절대 잠그지 않았다 //

권말부록 ❷
리스닝 길잡이

이제는 본문의 이야기를 귀로 즐겨 봅시다.
아래의 듣기 요령과 함께 영어의 특징적인 발음 현상 몇 가지만 알고 있으면
영문을 훨씬 쉽게 알아들을 수 있습니다.

첫째 영어의 리듬을 타세요.

우리말은 각 글자가 모두 한 박자씩이라면 영어는 절대 그렇지 않습니다. 영어는 발음이 강한 부분과 약한 부분이 연속되면서 리듬을 만들어 냅니다. 즉 단어의 강세가 문장의 강세가 되어 각 문장마다 고유한 리듬을 만들어 나가게 되는 것입니다. 따라서 영어를 말하거나 들을 때 리듬을 타는 것은 필수적입니다. 이 리듬이 몸에 익으려면 연습이 많이 필요합니다. 우선 각 단어의 강세가 어디에 있는지 파악하는 것부터 시작합시다.

둘째 강하게 들리는 말 위주로 들으세요.

영어에서는 의미를 전달하는 데 중요한 역할을 하는 단어나 표현을 강하게 발음합니다. 따라서 크게 들리는 말부터 신경 쓰세요. 영어를 처음 들을 때는 모든 단어를 다 듣는 것보다는 자기가 듣는 말이 무슨 의미인지 파악하는 것이 우선입니다. 작게 들리는 말은 대부분 관사나 조동사 등 전체 내용에서 주요한 역할을 하지 못하는 것입니다. 지금 단계에서는 무시하셔도 좋습니다.

셋째 이어지는 말에 주의하세요.

영어는 눈으로 볼 때는 단어들이 각각 떨어져 있어 문제 없지만 들을 때는 사정이 달라집니다. 우리말과 마찬가지로 영어도 옆의 단어와 음이 합쳐지는 경우가 많습니다. 예를 들어 '옷을 벗다'의 의미인 take off는 [테이크 어프]가 아니라 [테이커프]처럼 한 단어처럼 들리게 됩니다.

★ 이제 영어 리스닝에서 주의해야 할 매우 기본적인 사항을 알게 되었습니다.

나도 미국인 성우!
섀도잉하기

이번에는 영어를 들으면서 한 가지 재미있는 연습을 해봅시다.
섀도잉(shadowing)이라는 것입니다. shadow가 '그림자'란 의미이죠? 이 단어가 동사로는 '그림자처럼 따라다니다'의 뜻이 있습니다. 음원을 듣고 성우가 하는 말을 몇 박자 뒤에 그대로 따라하는 것입니다. 성우가 말하는 속도, 그리고 힘을 주는 부분, 약하게 읽는 부분, 말을 멈추는 부분을 앵무새처럼 똑같이 따라해 보세요.
자기도 모르는 사이에 영어 말하기와 듣기 실력이 쑥쑥 늘 것입니다. 이 방법은 전문가들 사이에서도 효과가 입증되어 있답니다. 물론 각각의 어구와 문장들이 무슨 뜻인지 생각하면서 읽어야겠죠.

1 단계 자기가 따라할 수 있는 부분까지 듣고 음원을 멈춘다.
그리고 큰 소리로 따라한다.

2 단계 자기가 따라할 수 있는 부분까지 듣고 큰 소리로 따라한다. 소리 내어 말하는 동시에 음원에서 나오는 소리를 들으며 돌림노래 부르듯 따라한다.

3 단계 갈수록 좀더 많이(한 문장 정도) 듣고 섀도잉한다.

※주의 : 항상 자신이 어떤 내용을 읽고 있는 건지 생각하세요!

즐거운 리스닝 연습

CHAPTER ONE : page 12-13　　　　　　　　　MP3 001

One cold evening in October of (❶), a man with a long beard and dirty clothes (❷) (　　　) the French town of Digne. The man was in his forties and very strong. He carried a bag and a walking staff.

The man entered an inn and (❸) (　　　) the innkeeper, "I've been traveling for a long time, and I'm very tired. I need a meal and a place to sleep. I have money to pay you."

The innkeeper looked closely at the (❹) (　　　). "I know who you are. You are Jean Valjean. You've just been released from prison. I don't serve people like you! (❺) (　　　) (　　　) here immediately!"

Jean Valjean left peacefully. Outside it was dark, cold, and windy. He was desperate for a place to rest. He lay down on a stone bench (❻) (　　　) (　　　) a church and tried to sleep. But a woman came out and asked, "How can you sleep outside on that stone bench?"

"I've been sleeping on a wooden one in prison for nineteen years. What's the difference?"

다음은 〈레 미제라블〉의 앞부분입니다. 처음이 잘 들리면 계속해서 부담이 없지요. 우선 이 앞부분을 들어 보세요. 그리고 괄호 안이 어떻게 들리는지 귀 기울이십시오. 또한 이어지는 각 발음에 대한 설명을 잘 읽어 보세요. 영어의 대표 발음 현상 위주로 알기 쉽게 해설했으므로 여기에 나오지 않는 부분도 문제없이 들을 수 있을 것입니다.

❶ **1815** [에이**티인**f피f**티인**] 연도는 두 자리씩 끊어서 읽는다. 1815년은 eighteen-fifteen으로 읽으면 된다. eighteen과 같이 -teen으로 끝나는 숫자들은 eighty와 같이 -ty로 끝나는 숫자들과 종종 헷갈리기 쉽다. 하지만 eighteen과 같은 숫자들은 항상 -teen에 강세가 있고, eighty와 같은 숫자는 -ty의 앞 음절에 강세가 있는 것에 유의하면 어렵지 않다.

❷ **walked into** [워억틴투] 앞 단어가 자음으로 끝나고, 이어지는 단어가 모음으로 시작하면 십중팔구 연음이 된다. 영어를 눈으로 보는 것과 듣는 것을 영판 다르게 만드는 가장 큰 요소이다. 한번 연음이 된 표현은 다른 경우에도 대개 연음되므로, 자주 나오는 표현들의 발음은 한 단어처럼 익혀 두자.

❸ **said to** [쌔투] said의 -d[d]와 to의 t가 이어지면서 한번에 소리난다. 영어에서는 비슷한 음이 이어지면 한번에 소리나는 경향이 있다. 한편 to는 [투]보다는 [터]에 가깝게 소리난다. to가 강세를 받지 않기 때문에 약하게 발음되기 때문이다.

❹ **strange man** [ㅅㄸ뤠인쥐 맨] strange는 -t-가 'ㄸ'처럼 소리나는데, 이는 s- 다음에 p, t, k 음이 이어지면 된소리로 발음되는 경향 때문이다.

❺ **Get out of** [게라우러브/게다우러브] 모음 사이에 있는 t 또는 tt는 종종 [r]로 발음된다. 여기서는 단어들이 서로 이어지면서 각 단어의 t가 모음 사이에 끼이게 되었다. 미국영어의 대표적인 이 발음현상은 이렇게 단어들 사이에서도 일어난다.

❻ **in front of** [인f런ㅂ / 인f뤄너ㅂ] 이 표현의 발음은 두 가지다. 후자의 경우는 front에서 t음이 생략되었다. 영어에서는 nt가 이어지면 t음이 생략되는 경우가 흔히 있다.

CHAPTER ONE : page 14-15

The woman pointed to a small house (❶) ( ) the church. "You could stay there," she said.

The Bishop of Digne was a gentle, old man who lived with his sister and a servant. He helped anyone who was (❷) ( ), and he never locked his doors.

That evening, he was sitting by the fire when his sister said, "Brother, people are saying there's a terrible man in town. The police (❸) ( ) everyone to lock their doors and windows."

But the bishop only smiled. Suddenly there was a loud knock at the door.

"Come in," said the bishop.

The bishop's sister and servant trembled when Jean Valjean walked into their house, but the bishop was calm.

"I am Jean Valjean," said the stranger. "I've (❹) ( ) released from prison after nineteen years. I've been walking for four days, and I (❺) need a place to rest. Can you help me?"

The bishop told his servant to set (❻) place at the table for Valjean. "Sit down, and warm yourself, Monsieur Valjean," said the bishop. "Dinner will be ready soon."

❶ **next to** [넥스투] next의 -t와 to의 t-가 이어지면서 발음된다. 영어에서는 같은 음이 연속하면 한 번만 소리내는 경향이 있다. 예를 들어, summer도 '섬머'가 아니라 [써머]처럼 해야 자연스럽다.

❷ **in need** [인닏(ㄷ)] need는 '니드'가 아니다. 마지막 [d]음이 앞 모음의 받침처럼 발음돼 [닏]처럼 읽어야 자연스럽다. p, t, k, s, b, d, g 등으로 끝나고 바로 앞에 모음이 있으면, 마지막 음은 앞 모음의 받침처럼 발음한다.

❸ **have told** [헤토울드] had는 발음이 약해져서 [헤], 심지어는 [에]로 들리기도 한다. 조동사, 전치사, 접속사, 관사 등 의미상 중요한 역할을 하지 않는 단어들은 문장 안에서 약하고 빠르게 발음된다. 영어는 이렇게 강약이 이어지면서 특유의 리듬이 생긴다. 특히 had, have 등과 같은 h로 시작하는 조동사와 he, him, her 등 h로 시작하는 대명사는 강세를 받지 못하면서 h음이 종종 탈락된다.

❹ **just been** [저스빈] just의 -st와 been의 b-가 이어지면서 3개의 자음이 연속하게 되었다. 이런 경우, 가운데 자음은 흔히 발음하지 않는다. 특히 first, last처럼 -st로 끝나는 단어들은 뒤에 자음으로 시작하는 단어가 오면 t가 소리나지 않는다.

❺ **desperately** [데스퍼리틀리 / 데스퍼릿을리] desperately는 발음이 두 가지다. 후자의 경우 -ly를 발음하기 전에 잠시 [읏] 하고 숨을 멈추었다가 콧소리를 내며 이어지는 음을 발음하는 것이다. 예를 들어, gotten도 [가튼] 또는 [갓은]처럼 소리 나기도 하는데, 이는 [tn], [tl]음에서 주로 일어나는 현상이다.

❻ **another** [어/으나더] another는 2음절에 강세가 있어, 상대적으로 1음절은 매우 약해진다. 1음절이 모음으로만 된 경우는 특히 그렇다. 이때 another의 a가 [ə]에서 [ɨ]로 변하기 십상이다. 강세를 받지 못하는 [i], [e], [ə] 등의 음은 종종 [ɨ]로 약화된다.

Listening Comprehension

A 다음 설명이 누구에 대한 것인지 찾아 번호를 쓰세요.

Jean Valjean   Marius   Fantine   Javert   M. Thenardier

B 질문을 듣고, 알맞은 답을 고르세요.

❶ _____?

(a) Thanks for catching this criminal. Put him in prison.

(b) He did not steal the silverware. I gave it to him freely.

(c) I think he took some of my money, too.

❷ _____?

(a) Because they wanted to support Napoleon.

(b) Because they wanted to pay less taxes.

(c) Because King Louis-Phillipe failed to understand the needs of the poor.

---

*A*nswers

A ❶ This person tried to put Jean Valjean back in prison for a long time. - Javert
❷ This woman became a prostitute to earn money for her daughter. - Fantine
❸ This person hated his grandfather for treating his father so cruelly. - Marius
❹ This person's business was writing dishonest letters to wealthy people. - M. Thenardier
❺ This person's soul was given to God by the Bishop of Digne. - Jean Valjean

B ❶ What did the Bishop of Digne tell the police when they caught Jean Valjean? - (b)
❷ Why were the revolutionaries fighting the soldiers in the summer of 1832? - (c)

006.MP3

C 다음을 듣고 빈칸에 알맞은 말을 쓰세요.

① The bishop's sister and servant _____ when Valjean walked into their house, but the bishop was _____.

② Javert and the mayor _____, but Fantine was finally _____.

③ _____, it was the same room that Valjean and Cosette had lived in three years _____.

④ She found an _____ that contained a small notebook filled with love _____.

⑤ Cosette and Marius _____ beside Valjean, _____ as the final breath escaped from his lips.

D 다음 문장을 듣고 받아쓴 다음, 본문의 내용과 일치하면 T, 일치하지 않으면 F에 표시하세요.

① _____ T F
② _____ T F
③ _____ T F
④ _____ T F
⑤ _____ T F

*A*nswers

C ① trembled, calm ② argued, released ③ Coincidentally, earlier ④ envelope, poems
   ⑤ knelt, weeping

D ① After stealing the coin from the ten-year-old boy, Jean Valjean wept for the first time in nineteen years. (T)
   ② Mayor Madeline was robbed and killed by Jean Valjean. (F)
   ③ The Jondrettes' younger daughter cut her arm at the factory where she worked. (F)
   ④ Enjolras suspected Javert of being sent to the barricade by the police to spy on them. (T)
   ⑤ Marius hated Jean Valjean for killing a young man in the Paris sewer. (F)

135

전문 번역

[제 1 장] 절망에 빠진 두 영혼

p. 12-13   1815년 10월 어느 추운 저녁, 긴 수염에 더러운 옷을 입은 한 남자가 프랑스의 디뉴라는 마을로 들어섰다. 그 남자는 40대였고 아주 건장했다. 그는 가방과 지팡이를 들고 있었다.

그 남자는 어느 여관으로 들어가 여관 주인에게 말했다. "나는 오랫동안 여행을 해서 아주 지쳐 있습니다. 그래서 식사와 잠자리가 필요해요. 당신에게 지불할 돈은 있습니다."

여관 주인은 그 낯선 남자를 자세히 살펴보았다. "당신이 누구인지 알고 있소. 장발장이죠. 이제 막 감옥에서 풀려났지. 난 당신 같은 사람을 시중들지는 않소. 당장 여기서 나가시오!"

장발장은 조용히 떠났다. 밖은 어둡고, 춥고, 바람이 불었다. 그는 쉴 곳이 절실했다. 그는 어느 교회 앞의 돌 벤치에 누워 잠을 청하려고 했다. 그러나 한 여인이 나와 이렇게 물었다. "밖에서 그런 돌 벤치에 누워 어떻게 자려고요?"

"난 19년 동안이나 감옥의 나무 의자에서 잤소. 다를 게 뭐요?"

p. 14-15   그 여인은 교회 옆에 있는 작은 집을 가리켰다. "저곳에 묵을 수 있을 거예요."라고 그녀는 말했다.

디뉴의 주교는 친절한 노인으로 여동생과 하녀와 함께 살고 있었다. 그는 곤경에 처한 사람은 누구든 도와주었고 문을 절대 잠그지 않았다.

그날 저녁, 그가 불가에 앉아 있을 때 여동생이 말했다. "오라버니, 사람들이 마을에 무서운 사람이 있다고 하던데요. 경찰이 모든 사람들에게 문과 창문을 잠그라고 했어요."

하지만 주교는 미소만 지을 뿐이었다. 갑자기 문을 크게 두드리는 소리가 들렸다.

"들어오시오."라고 주교가 말했다.

장발장이 그들의 집으로 들어왔을 때 주교의 여동생과 하녀는 덜덜 떨었지만 주교는 침착했다.

"난 장발장이라고 합니다." 하고 그 낯선이가 말했다. "난 19년 만에 이제 막 감옥에서 석방됐습니다. 난 4일 동안 걸었기 때문에 쉴 곳이 간절히 필요합니다. 저를 도와주시겠습니까?"

주교는 하녀에게 장발장을 위해 식탁에 자리를 하나 더 마련하라고 말했다. "앉아서 몸 좀 녹이세요, 장발장 씨."라고 주교는 말했다. "곧 저녁 식사가 준비될 겁니다."

p. 16-17   푸짐한 식사를 끝낸 후, 장발장은 긴장을 풀면서 작은 집을 둘러보기 시작했다. 주교의 집은 호화롭진 않았지만, 그는 식탁 위에 놓인 값진 은 나이프와 포크와 촛대를 보았다. 그리고는 주교의 하녀가 은식기들을 장식장 안에 넣는 것을 알아챘다.

주교는 촛대 하나를 장발장에게 건네주었다. "자, 이 촛대가 길을 비춰 줄 거요. 예비 침실로 날 따라오시오."라고 주교가 말했다.

그들이 방 안에 들어서자 주교가 말했다. "잘 주무시오. 그리고 내일 떠나기 전에 신선한 우유 한 사발 마시는 것 잊지 마시오."

장발장은 너무 피곤해서 옷을 입은 채 잠이 들었다. 하지만 그는 아주 지쳐 있었는데도 고작 몇 시간 후에 깨어났다. 잠이 안 오자 그는 자신의 과거에 대해 골똘히 생각했다. 그에게 삶은 너무

138

불공평했고, 그걸 생각하면 그는 여전히 화가 났다.

1795년, 벌목꾼이었던 장발장은 일자리를 잃었다. 하지만 당시에 그는 과부가 된 누나와 일곱 명의 조카들을 부양하고 있었다. 그는 그들에게 먹일 빵을 훔치다 붙잡혔고, 그 때문에 자기 인생의 가장 소중한 시간을 잃어 버렸다.

p. 18-19 장발장은 온 세상에 복수하고 싶었다! 그때 주교의 값진 은식기들이 생각났고 한 가지 계획을 세웠다.

장발장은 침대에서 나와 신발을 벗은 채 조용히 집안을 돌아다녔다. 그는 한쪽 끝이 뾰족한 짧은 쇠막대기를 손에 쥐고 있었다. 그는 주교의 방으로 들어가 잠자는 주교의 머리 위로 막대를 들었다. 그러나 주교의 자는 얼굴이 너무나 평온하고 인자해서 장발장은 그를 죽일 수가 없었다. 그래서 그는 값진 은 나이프와 포크를 가방에 쑤셔 넣고 집 뒤에 있는 정원을 기어서 도망쳤다.

다음날 아침, 주교는 슬픈 얼굴로 장발장이 도망칠 때 망가진 정원의 꽃들을 살펴보고 있었다.

"주교님." 하녀가 소리쳤다. "주교님의 소중한 은식기를 도둑맞은 걸 알고 계세요? 어젯밤 이곳에 묵었던 남자가 그걸 가져간 게 틀림없어요!"

"그래, 알고 있네." 하고 주교가 말했다. "하지만 내가 그렇게 값비싼 은식기를 너무 오랫동안 갖고 있었던 게 잘못이었지."

그날 아침 늦게 4명의 경찰과 장발장이 주교의 집으로 왔다. "주교님, 저희가 값비싼 은식기를 갖고 있는 이 범죄자를 붙잡았습니다. 이거 주교님 거죠?"라고 경사가 물었다.

주교는 장발장에게 미소를 지었다. "친구여, 이 은 촛대들을 가져가는 걸 잊었군요. 이것들을 팔면 적어도 200프랑은 받을 수 있을 겁니다."

p. 20-21 장발장과 경찰들의 눈은 믿을 수 없다는 듯 휘둥그레졌다. "주교님, 그러니까 주교님께서 이 은식기들을 이 남자에게 주었단 말인가요?"라고 경사가 물었다.

"네, 물론이지요. 그러니 그를 놓아 주시오."

그러자 경찰들은 떠났다. 주교는 장발장에게 가까이 다가가 말했다. "이제 당신은 정직한 사람이 되기 위해 이 돈을 써야 합니다. 나는 악마한테서 당신의 영혼을 사서 하느님께 드렸습니다."

장발장은 혼란스러운 기분으로 시골을 헤맸다. 세상이 그에게 불공평해서 아주 화가 나 있을 때 모든 것은 앞뒤가 맞았다. 하지만 이제 그런 큰 친절을 받고 나니 그는 어떻게 해야 할지 몰랐다.

장발장은 커다란 들판을 가로지르다 열 살짜리 소년과 마주쳤다. 그 소년은 휘파람을 불며 즐겁게 은화를 공중에 던졌다 받았다 하면서 걸어가고 있었다. 장발장은 손을 뻗어 소년의 동전을 잡았다.

"제발 아저씨, 제 동전을 돌려 주세요. 저는 굴뚝 청소부일 뿐이고, 그건 제가 가진 돈 전부예요."

"꺼져."라고 장발장이 말했다.

"하지만 선생님…. 제발요!" 그 소년은 울었다.

장발장은 소년을 때리려고 지팡이를 들었다. 소년은 너무 겁이 나서 도망치고 말았다. 소년이 보이지 않게 되자 장발장은 손에 쥔 동전을 보았다. 그는 자기가 한 짓을 믿을 수가 없었다. 그는 소년을 부르며 돌아오라고 소리쳤지만, 소년은 사라지고 없었다. 그는 지친 나머지 바위에 앉아 19년 만에 처음으로 눈물을 흘렸다.

p. 22-23 1818년, 파리 근교의 몽페르메이라는 작은 마을에서 자그마한 두 소녀가 그네를 타며 놀고 있었다. 아름다운 봄날 저녁이었다. 그들의 어머니는 붉은 머리에 평범하게 생긴 여자였다. 그녀는 자신들이 살고 있는 작은 여관 앞에서 그들을 지켜보며 근처에 앉아 있었다.

갑자기 한 젊은 여자가 그녀에게 다가와 "부인, 따님들이 아주 예쁘네요."라고 말했다.

젊은 여자는 잠자는 아이를 팔에 안고 있었다. 하지만 그녀는 가난하고 불행해 보였다.

"고마워요."라고 두 딸들의 어머니가 말했다. "앉아서 좀 쉬어요. 피곤해 보이는군요."

젊은 여자는 자리에 앉아서 자신을 소개했다. 그녀의 이름은 팡틴이었다.

"내 이름은 테나르디에 부인이에요."라고 두 딸을 둔 여자가 말했다. "남편과 나는 이 여관을 운영하고 있죠."

팡틴은 그 여자에게 자신은 파리에서 일을 했었지만, 남편이 죽고 일자리를 잃었다고 말했다. 하지만 그녀는 거짓말을 하고 있었다. 사실 그녀는 어느 젊은 남자의 아이를 임신했는데, 그는 도망쳐 버렸던 것이다. 이 시절에 결혼하지 않고 아이를 낳은 여자들은 살기가 아주 힘들었다.

그때 팡틴의 어린 딸이 깨어났다. 그 아이의 눈은 엄마처럼 크고 파랬다. 어린 소녀는 깔깔거리며 엄마 무릎에서 뛰어 내렸다. 그 아이는 뛰어가서 그네를 타는 두 소녀와 함께 놀았다.

p. 24-25 "딸 이름이 뭐예요?"라고 테나르디에 부인이 물었다.

"코제트예요. 곧 세 살이 된답니다."

두 여자는 아이들이 함께 노는 것을 지켜보았다. 테나르디에 부인이 웃으며 말했다. "아이들이 쉽게 어울리는 것 좀 봐요. 자매가 될 수도 있겠어요."

이 말에 팡틴은 아주 엉뚱한 일을 저질렀다. 갑자기 그녀는 상대 여인의 손을 잡고 부탁했다. "저 대신 딸아이를 돌봐 주실 수 있나요? 전 일자리를 찾아야 하는데, 남편 없이 애만 딸린 여자가 일자리를 구하는 건 거의 불가능합니다. 일자리를 구하면 바로 아이를 데려갈게요. 한 달에 6프랑씩 지불할 돈은 있어요!"

테나르디에 부인은 대답하지 않았다. 그녀는 뭐라고 해야 할지 몰랐다. 그러나 그녀의 남편이 그들 뒤에 서 있었다. "당신이 여섯 달치를 먼저 지불한다면, 한 달에 7프랑에 그 아이를 돌봐 주겠소."

팡틴은 지갑에서 돈을 꺼냈다.

다음 날 아침, 팡틴은 딸에게 작별인사를 했다. 아이에게 키스하면서 그녀는 가슴이 찢어지는 듯 울었다.

"우리에겐 이 돈이 필요해." 테나르디에 씨가 아내에게 말했다. "이제 빚을 갚고 감옥에 안 가도 되겠군. 저 여자를 잘도 속이던데."

"그럴 생각은 아니었는데 말이죠."라고 그의 아내가 말했다.

p. 26-27 한 달 후 테나르디에 씨는 더 많은 돈이 필요했다. 그래서 코제트의 옷들을 60프랑에

140

팔았다. 그들은 어린 소녀에게 누더기 옷을 입혔고 식탁 아래서 개, 고양이와 함께 음식 찌꺼기를 먹게 했다.

한편 팡틴은 멀리 있는 도시의 공장에서 일하기 시작했다. 그녀는 매달 딸을 위해 편지와 돈을 보냈다. 테나르디에 부부는 더 많은 돈을 요구하기 시작했고, 팡틴은 기꺼이 그 돈을 지불했다. 그들은 팡틴에게 딸을 아주 잘 돌봐 주고 있다고 말했다. 하지만 사실 그들은 친딸인 에포닌과 아젤마는 아주 잘 키웠지만, 어린 코제트는 노예처럼 부렸다.

팡틴은 자신이 일하는 공장에 딸이 있다는 사실을 비밀로 하기 위해 조심했다. 그러나 결국 그곳에서 일하는 여자들이 그녀가 미혼모라는 사실을 알아냈고 그것을 모든 사람들에게 말했다. 팡틴은 직장에서 해고됐고 다른 어떤 곳에서도 일자리를 구하지 못했다.

그해 겨울, 팡틴은 코제트를 위해 조금이라도 더 돈을 모으려고 작은 방에서 난로 없이 지냈다. 그녀는 셔츠를 꿰매서 약간의 돈을 벌었지만, 그것으로는 충분치 않았다. 그녀는 가발제조업자를 찾아가 10프랑에 자신의 머리카락을 팔았다. 그후 그녀는 테나르디에 부부에게서 코제트가 많이 아파, 약을 사는 데 40프랑이 필요하다는 편지를 받았다. 이 일로 팡틴은 몹시 필사적이 되었다. 그녀는 앞니 두 개를 팔았다.

머리카락과 앞니가 없어지고 나자 팡틴에게 돈을 벌 수 있는 방법은 거의 남아 있지 않았다. 그러나 테나르디에 부부는 계속해서 더 많은 돈을 요구했다. 그래서 팡틴은 자신에게 남아 있는 유일한 것, 즉 자신의 몸을 팔기 시작했다.

[제 2 장] **보호자**

p. 30-31 어느 추운 겨울 밤, 이가 없는 누추한 여인이 거리에서 한 남자를 공격했다는 이유로 체포되었다. 경찰서에서 자베르 경감은 그녀를 6개월 동안 감옥에 가두기로 결정했다.

"제발 저를 감옥에 보내지 마세요." 그 여인이 외쳤다. "제가 빚진 돈을 갚지 않으면 제 딸은 집을 잃고 거리에서 살아야 해요!"

자베르 경감은 그녀의 말을 무시하며 부하들에게 그녀를 끌고 가라고 했다. 하지만 갑자기 "잠깐만 기다리시오. 내가 거리에서 일어난 일을 봤소. 그건 그 남자 잘못이오. 이 여자 잘못이 아니오."라고 말하는 목소리가 들렸다.

자베르가 고개를 들자 마을에서 가장 중요한 사람인 마들린 시장이 보였다.

마을 시장이 되기 전, 마들린 씨는 1815년 어느 겨울 저녁에 갑자기 이곳에 나타났다. 그는 무일푼이었지만, 아주 저렴한 비용으로 유리를 만드는 새로운 방법을 알고 있었다. 몇 개월 만에 그의 새 유리 공장은 그를 부자로 만들어 주었다. 그는 그 돈으로 두 개의 새로운 공장을 세워서 마을에 수백 개의 일자리를 제공했다. 그는 소박한 삶을 살았고, 자신의 돈 대부분을 병원과 학교를 짓는 데 사용했다. 1820년, 마을 사람들은 그를 시장으로 선출했다.

p. 32-33 그러나 마을에는 마들린 시장을 싫어하는 사람이 한 명 있었다. 자베르 경감은 이방인이었던 이 남자를 항상 의심하고 있었다. 그는 예전에 시장의 얼굴을 본 것 같은 기분이 들었다.

마치 그가 과거에 일찍이 범죄자이기라도 했던 것처럼 말이다.

지금 시장은 자베르의 경찰서에서 팡틴이 감옥에 가지 않도록 구해 주려 하고 있었다. 그러나 팡틴은 시장을 보고는 그에게 침을 뱉었다. "당신은 내가 일자리를 잃은 공장 주인이로군! 이제 나는 몹쓸 여자가 되어서 다시는 딸을 찾을 수 없을 거야!"

자베르와 시장은 논쟁을 벌였지만 결국 팡틴은 풀려났다. 그 다음 마들렌 시장은 그녀에게 말했다. "당신을 이런 곤경에 처하게 할 생각은 없었소. 내가 당신을 도와주겠소. 당신의 빚을 갚아 주고 딸을 데려다 주리라. 신이 보시기에 당신은 몹쓸 여자가 아니오."

팡틴은 시장이 보여 주는 친절에 눈물을 흘렸다. 그녀는 무릎을 꿇고 그의 손에 입을 맞췄다.

시장은 테나르디에 부부에게 300프랑을 보내며 당장 코제트를 자기에게 보내라고 했다. 그러나 테나르디에 씨는 500프랑을 요구하는 편지를 다시 보냈다. 마들렌 시장은 그 돈을 보냈지만, 테나르디에 부부는 여전히 코제트를 보내지 않았다.

p. 34-35 팡틴은 다시 행복을 눈앞에 두었지만, 비참하고 가난했던 지난 세월은 그녀를 아주 쇠약하게 만들었다. 그녀는 몹시 아파서 침대에서 일어날 수 없었다. 마들렌 시장이 그녀를 보러 올 때마다 그녀는 "언제 코제트를 볼 수 있나요?"라는 질문만 했다.

"곧 보게 될 거요."라고 그가 말하면, 그녀는 기뻐서 미소를 짓곤 했다.

어느 날 아침, 마들렌 시장은 테나르디에 부부의 마을로 직접 가서 코제트를 데려올 준비를 하고 있었다. 그런데 갑자기 자베르 경감이 그의 사무실로 들어왔다.

"당신을 의심한 걸 사과드리고 싶습니다." 경감이 말했다.

"무슨 말이오?"라고 마들렌 시장이 물었다.

"나는 수년 동안 당신이 장발장이라는 도망친 범죄자가 아닌가 하고 의심했습니다. 하지만 지금, 다른 마을의 경찰이 진짜 장발장을 잡았습니다. 그 남자는 자기 이름이 샹마티유라고 하지만, 그가 장발장이라고 증언하는 목격자들이 몇 명 있습니다. 그는 내일 재판을 받고 평생을 감옥에서 보내게 될 겁니다. 당신을 의심해서 미안합니다."

p. 36-37 경감이 떠나자, 마들렌 시장은 다음 날 테나르디에 부부를 찾아가려던 여행 계획을 취소했다. 그날 밤 그는 침상에서 자지 않고 깨어 있었다. 사실은 마들렌 시장이 진짜 장발장이었던 것이다. 그는 샹마티유라는 그 남자가 자신의 범죄 때문에 감옥에서 평생을 보내게 할 수는 없었다. 그는 그 남자의 재판에 가서 진실을 털어놓아야 할 것이다. 그는 자신이 일군 모든 것을 잃게 되겠지만, 달리 선택의 여지가 없었다. 진실이야말로 가장 중요한 것이었다.

다음날 아침, 마들렌 시장은 재판이 열리는 마을로 갔다. 도착했을 때, 그는 샹마티유가 자신을 변호할 만큼 똑똑하지 못하고, 덩치만 커다란 어린애 같은 사내라는 걸 알았다. 판사가 샹마티유에게 장발장이라는 판결을 내리려는 순간, 마들렌 시장은 자리에서 일어나 이렇게 말했다. "이 남자는 장발장이 아니오. 내가 장발장이오."

법정 여기저기에 숨막히는 소리가 들렸다. 처음엔 아무도 그의 말을 믿지 않았다. 그러나 그는 장발장만이 알 수 있었던 사실을 그들에게 털어놓았다.

"저는 지금 떠나야 합니다."라고 마들린 시장은 말했다. "처리해야 할 일이 있어서요. 하지만 볼일이 끝나도 도망치지 않겠소."

그들은 그가 법정을 떠나게 두었고, 판사는 상마티유에게 가도 좋다는 허락을 내렸다.

p. 38-39 다음날 마들린 시장은 팡틴을 방문했다. 그를 보자 그녀는 코제트를 찾았다.

"지금은 안 돼요. 당신은 너무 약해서 그 아이를 만날 수 없어요. 먼저 건강을 회복해야 해요."라고 그는 말했다.

그때 자베르 경감이 방으로 들어왔다. 팡틴은 경감이 자신을 체포하러 왔다고 생각해 두려워졌다. 그러나 마들린 시장은 "저 사람은 당신 때문에 온 게 아니오."라고 말했다. 그런 다음 그는 자베르 경감에게 "내가 가서 이 여자의 아이를 데려올 수 있도록 3일만 시간을 주시오. 그 다음에 나를 감옥에 보내시오."라고 말했다.

"난 너에게 도망칠 수 있도록 3일을 주진 않을 것이다."라고 자베르 경감이 말했다.

"하지만 내 아이는요!" 팡틴이 소리쳤다.

"입 닥쳐, 이 더러운 매춘부야!" 자베르 경감이 소리쳤다. "이 자는 마들린 시장이 아니야. 그리고 이 자는 너에게 딸을 절대 데려다 줄 수 없을 거야. 이 자는 장발장이라는 위험한 범죄자이고 감옥에 갈 거란 말이야!"

팡틴은 베개 위로 쓰러지더니 전혀 움직이지 않았다. 장발장은 그녀의 머리맡으로 달려갔다. 그녀는 죽어 있었다. "당신 말 때문에 이 여자가 죽었소!" 그는 자베르 경감에게 소리쳤.

"지금 나와 경찰서로 가지 않으면 내 부하들을 불러 강제로 너를 체포하겠다."라고 자베르가 말했다.

장발장은 팡틴의 머리에 입을 맞추고 경감에게 말했다. "이제 갈 준비가 되었소."

p. 40-41 체포된 지 이틀 후에 장발장은 감옥에서 탈출했다. 그는 용케 창살을 부수고 밤의 어둠 속으로 도망쳤다.

1823년 크리스마스, 테나르디에 부부의 여관은 장사가 아주 잘 되었다. 이제 여덟 살이 된 코제트가 부엌 식탁 밑에 있는 자기의 평상시 자리에 앉아 있는 동안 손님들은 시끄럽게 먹고 마셨다. 코제트는 누더기 옷을 입은 채 테나르디에 부부의 두 딸들에게 신길 털양말을 뜨고 있었다.

어느 날 밤, 테나르디에 부인은 코제트를 추운 밖으로 내보내 물 한 양동이를 길어오게 했다. 코제트가 나가려고 할 때 테나르디에 부인은 동전을 주며 빵도 사오라고 했다.

코제트는 어두운 숲을 지나 시내로 걸어갔다. 커다란 나무 양동이에 물을 채울 때, 코제트는 테나르디에 부인이 자기에게 준 동전이 호주머니에 난 구멍으로 빠져 나가 차가운 물속에 떨어지는 걸 눈치채지 못했다.

그러고 나서 그녀는 물이 가득 든 무거운 양동이를 질질 끌며 숲을 지나 여관을 향해 언덕을 올라가기 시작했다. 양동이가 너무 무거워서 코제트는 몇 걸음 걸을 때마다 쉬기 위해 걸음을 멈춰야 했다.

p. 42-43 갑자기 커다란 손이 하늘에서 내려오더니 물 양동이를 번쩍 들어 올렸다. 코제트가 고개를 들어보니 덩치가 큰 노인이 거기에 서 있었다.

143

"너처럼 작은 아이에겐 이건 너무 무거운 양동이겠구나." 하고 그 남자는 부드러운 눈으로 그녀를 바라보며 말했다.

코제트는 그 남자가 무섭지 않았다. 그 아이는 그의 눈빛을 믿었다. 그들은 마을로 함께 걸어갔다. 걸어가면서 코제트는 테나르디에 가족과의 생활에 대해 모든 것을 얘기했다. 여관이 가까워지자 그는 코제트에게 양동이를 주었고, 그들은 함께 여관으로 들어갔다.

"왜 그렇게 한참 있었니?" 테나르디에 부인이 화를 내며 물었다.

"저… 이분을 만났는데, 오늘 묵을 방이 필요하시대요." 코제트는 으레 그렇듯 때릴까봐 두려워하며 말했다. 테나르디에 부인은 그 노인을 자리에 앉히고 와인 한 잔을 내온 다음 코제트에게 물었다. "내가 사오라고 했던 빵은 어디에 있니?"

"저… 빵 사는 걸 잊어버렸어요. 아주머니."

"그러면 내가 준 돈은 어디 있지?"

코제트는 주머니를 뒤졌다. 하지만 동전이 없었다. 그녀의 얼굴이 창백해졌다. 그때 갑자기 그 노인이 동전 하나를 들어 올렸다.

"부인, 내가 방금 바닥에서 이걸 찾았소. 그 아이의 주머니에서 떨어진 것 같군요." 테나르디에 부인은 동전을 받고는 가버렸다.

p. 44-45 다음날 아침 그 노인은 테나르디에 부부와 얘기를 나눴다. "두 분은 이 아이를 잘 돌볼 수 있을 만큼 돈이 충분하지 않은 것 같군요. 내가 이 아이를 데려가게 해주시면 어떻겠습니까?"

"우린 이 아이를 아주 많이 사랑한답니다." 테나르디에 씨가 말했다. "그러니 1,500프랑 이하로는 이 아이를 데려가게 할 수 없소."

노인은 재빨리 500프랑짜리 지폐 3장을 내밀고는 말했다. "이제 코제트를 데려오시오."

그는 코제트에게 멋진 새 옷을 주었고, 그들은 손을 맞잡고 파리를 향해 출발했다. 코제트는 그 사람이 누구인지 몰랐지만, 신이 이 사람을 통해 자신을 보호해 주고 있다는 아늑한 기분이 들었다. 이 사람은 장발장이었다.

장발장은 코제트를 파리 외곽에 있는 커다란 낡은 건물로 데려갔다. 코제트는 그의 팔에 안겨 잠들어 있었다. 그는 자베르 경감에게서 도망친 후 세를 얻어 살고 있던 방으로 코제트를 데려갔다.

코제트와 장발장에게 너무나 행복한 날들이 흘러가기 시작했다. 25년 만에 처음으로 그는 세상에 혼자가 아니었다. 그의 마음은 사랑을 알게 되었다.

p. 46-47 어느 날 저녁, 장발장은 방 밖에 있는 계단에서 누군가의 인기척을 들었다. 그는 열쇠 구멍으로 달려가 계단을 내려오는 낯익은 코트 뒷자락을 보았다. "자베르." 그는 혼자 중얼거렸다.

다음날 그는 보다 안전한 곳을 찾아 그 방을 떠날 준비를 했다. 그날 밤 보름달이 환히 비치는 좁은 길을 걸어갈 때, 장발장은 멀리서 네 사람이 자신들을 따라오고 있는 걸 눈치챘다. 뒤돌아보자 달빛 속에서 자베르 경감의 얼굴이 또렷이 보였다. 그는 코제트의 손을 꽉 잡고 복잡한 골목길을 이리저리 빠져나가기 시작했다.

긴 골목길을 걸어 내려가다가 그는 막다른 골목에 다다랐다. 한쪽에는 창살 달린 유리창과 문들이 있고, 다른 한쪽에는 높다란 담이 있는 높은 건물이 나타난 것이었다. 그는 혼자서는 담을 기어 올라갈 수 있지만, 코제트는 어떻게 데려갈 수 있을까?

그러다가 가로등을 보고는 좋은 생각이 떠올랐다. 그는 가로등 바닥에 있는 상자를 열고 전선 몇 개를 벗겨냈다. 그런 다음 그 전선을 코제트의 허리에 묶고 담을 기어 올라가며 뒤에 매달린 그녀를 끌어 올렸다. 담의 반대편에는 나무가 한 그루 있었다. 그가 코제트를 나뭇가지에 내려놓고 담을 뛰어넘자 네 남자가 그곳에 도착했다.

[제 3 장] 파리 사람들

p. 52-53 1815년 6월 워털루 전쟁이 일어난 후 어느 날 밤, 한 도둑이 전쟁터에서 죽은 병사들의 시체에서 조용히 돈과 보석을 훔치고 있었다. 달빛 아래서 그는 금반지를 낀 손 하나를 보았다. 그가 반지를 빼냈을 때, 그 손이 그의 재킷을 움켜잡았다. 그는 시체더미에서 그 몸을 끌어낸 후, 그가 아직 살아 있는 프랑스 장교라는 걸 알았다.

"내 목숨을 구해 줘서 고맙소. 이름이 뭐요?"라고 그 장교가 물었다.

"테나르디에요."라고 그 도둑이 대답했다.

"당신 이름을 절대 잊지 않겠소." 그 장교가 말했다. "그리고 내 이름을 기억하시오. 내 이름은 퐁메르시요."

그런 다음 그 도둑은 그 남자의 시계와 지갑을 갖고 사라졌다. 조르주 퐁메르시라는 이름의 그 장교에게는 마리우스라는 아들이 있었다. 어머니를 여읜 마리우스는 외할아버지와 함께 살았는데, 그는 질노르망 씨라는 아주 부유한 사람이었다. 그런데 질노르망 씨는 사위인 마리우스의 아버지를 미워했다. 조르주 퐁메르시가 부상에서 회복되자, 질노르망 씨는 그에게 돈을 주고 아들에게서 떨어져 있도록 했다. 퐁메르시는 아들이 행복하게 살길 바랐기 때문에 그 제안을 받아들였다.

p. 54-55 몇 년 동안 질노르망 씨는 마리우스에게 그의 아버지가 나쁜 사람이라고 말했다. 그러나 17세가 되었을 때, 마리우스는 자기 아버지가 용감한 군인이었다는 사실을 알게 되었다. 마리우스는 아버지를 찾아 나섰지만, 그를 찾았을 때는 이미 세상을 떠난 뒤였다. 마리우스가 아버지에게서 받은 건 편지 한 통뿐이었다.

내 아들에게

워털루에서 테나르디에라는 사람이 내 목숨을 구해 주었단다. 그가 파리 근교의 몽페르메이라는 마을에서 작은 여관을 운영한다고 알고 있다. 이 남자를 찾는다면, 어떻게든 그를 도와주길 바란다.

마리우스가 아버지의 산소에 다니고 있다는 걸 질노르망 씨가 알았을 때, 두 사람은 크게 말다툼을 벌였다. 그리고 나서 질노르망 씨는 마리우스가 집을 나가게 만들었다.

그 후 3년 동안 마리우스는 파리 외곽의 한 허름한 건물의 작은 방에서 살았다. 우연히도 그곳은 장발장과 코제트가 8년 전에 살았던 바로 그 방이었다. 마리우스는 돈을 조금 벌었지만 살아가기에 충분했다. 그의 할아버지는 종종 그에게 돈을 보내려고 했지만, 그는 그것을 거절했다. 마리우스는 할아버지가 자기 아버지를 가혹하게 대한 것 때문에 그를 미워했다.

p. 56-57 마리우스는 잘생긴 젊은이였지만 수줍음이 많았다. 그는 공부하고, 글을 쓰고, 매일 산책을 하면서 조용한 삶을 살았다. 마리우스는 가끔씩 산책하는 길에 한 노인과 소녀를 보았는데, 그들은 늘 뤽상부르 공원에서 똑같은 벤치에 앉아 있었다. 그 소녀는 13세나 14세 정도 되었고, 항상 똑같은 검정 드레스를 입고 있었다. 그러나 마리우스의 눈에 띈 것은 그녀의 아름다운 파란 눈이었다.

어떤 이유로 마리우스는 뤽상부르 공원에 발길을 끊었다. 1년 후에 그가 다시 갔을 때, 그들은 같은 장소에 있었다. 달라진 점이 있다면 1년 전만 해도 가냘팠던 소녀가 이젠 아름다운 아가씨가 되어 있었던 것뿐이었다. 그녀는 부드러운 갈색 머리, 매끄러운 하얀 피부, 깊고 푸른 눈, 그리고 멋진 미소를 지니고 있었다.

어느 날 그가 지나갈 때, 두 사람의 눈이 마주쳤고 그는 이제 자신의 삶이 결코 예전과 같지 않을 것임을 깨달았다. 그는 매일 그 노인과 소녀를 지켜보기 시작했다. 그가 그들을 너무 많이 따라다니는 바람에 노인은 그를 의심하게 되었다. 그래서 예전보다 공원에 뜸하게 나왔고, 때론 소녀를 데려오지 않기 시작했다.

노인과 소녀가 공원에 오지 않자, 마리우스는 우울한 기분에 빠졌다. 그래서 그는 그들이 어디에 사는지 알아내려고 했다. 마침내 그는 그들이 케스 가 끝에 있는 작은 집에 살고 있다는 걸 알게 됐다.

p. 58-59 마리우스는 그들을 집까지 따라가서 불이 켜진 창을 통해 그들을 지켜보기 시작했다. 그녀의 모습을 볼 때는 그의 심장이 빠르게 뛰기 시작했다. 그들의 집까지 쫓아다닌 지 8일째 되는 날 밤, 창가의 불들이 꺼져 있었다. 이것을 보고 그는 이웃집 문을 두드리며 그들이 어디에 있는지 물었다.

"이사 갔어요."라고 이웃이 말했다. 그리고는 마리우스의 면전에서 문을 쾅 닫았다.

여름과 가을이 지나갔지만, 마리우스는 그 노인도 사랑하게 된 아가씨도 보지 못했다. 낙담한 마리우스는 길 잃은 강아지처럼 거리를 헤맸다. 그 아가씨가 없는 삶은 그에게 무의미한 듯 했다.

그러던 어느 날, 마리우스는 자신의 방 근처에서 4장의 편지 꾸러미를 발견했다. 편지를 읽으면서, 그는 각기 다른 네 사람이 그 편지들을 썼을 거라고 생각했다. 하지만 그것들은 모두 똑같은 손으로 쓴 것이었다. 편지에서는 싸구려 담배 냄새가 났고, 모두 돈을 요구하는 내용이 담겨 있었다.

다음날 아침, 마리우스의 방문을 두드리는 소리가 났다. 그가 문을 열자, 마르고 아파 보이며 이가 몇 개 없는 한 아가씨가 서 있었다. 그녀는 이웃집 딸이었다. 그녀는 그에게 아버지가 보낸 편지를 내밀었다.

친애하는 이웃 분께

저는 당신이 6개월 전에 저희 방세를 어떻게 지불해 주셨는지 잘 기억하고 있습니다. 하지만 지금은 제 아내가 아프고, 식구들이 나흘째 아무것도 먹지 못했습니다. 제발 저희에게 한 번만 더 자비와 친절을 베풀어 주십시오.

당신의 진정한 친구
종드레뜨

p. 60-61 마리우스는 그 필적과 싸구려 담배 냄새가 지난밤 자신이 발견한 편지들과 같다는 걸 깨달았다. 그 편지들은 모두 옆방에 사는 가난한 가족들이 보낸 것이다. 그는 종드레뜨 가족과 이웃으로 지냈던 지난 몇 달 동안 그들에게 관심을 기울인 적이 없었다. 그러나 이제 그는 종드레뜨 씨가 하는 일이 자기보다 부유하다고 생각되는 사람들에게 돈을 요구하는, 정직하지 못한 편지를 쓰는 것임을 깨달았다.

마리우스가 편지를 읽는 동안 그 아가씨는 그를 지켜보았다. 그런 다음 그에게 가까이 다가가 자신의 차가운 손을 그의 어깨에 올려놓았다.

"마리우스 씨, 당신은 정말 잘생겼군요. 당신은 나를 전혀 모르겠지만, 나는 항상 당신이 외로워 보인다는 걸 알아요."

"내게 당신네 물건이 있는 것 같군요."라고 하며 마리우스는 그녀의 손길에서 벗어났다. 그는 그녀에게 자신이 발견한 4장의 편지 꾸러미를 건네주었다.

"아, 그렇군요. 난 사방으로 이걸 찾아 다녔어요." 그 편지들 중 하나를 꺼내며 그녀는 말했다. "이건 매일 교회에 다니는 노인에게 줄 거예요. 서두른다면 거리에서 그를 붙들 수 있을 거예요. 그는 저녁 식사를 할 수 있을 만한 돈을 줄지도 몰라요."

p. 62-63 마리우스는 호주머니에서 동전 하나를 꺼내 그 아가씨에게 건넸다.

"아하!" 하고 그녀가 소리쳤다. "이거면 이틀 치 먹을거리는 충분히 살 돈이에요! 당신은 천사예요, 마리우스 씨." 그런 다음 그녀는 웃으며 마리우스의 식탁에서 마른 빵 한 조각을 집어 들고는 그의 방을 나갔다.

마리우스는 적은 돈으로 생활하고 있었지만, 옆방에 사는 이 비참한 가족을 알기 전까지는 가난하다는 것이 어떤 뜻인지 알지 못했다. 이 절망적인 가족에 대해 생각하고 있을 때, 그는 자신의 방과 그들의 방 사이를 가르는 벽 구석에 작은 삼각형 구멍이 있는 걸 발견했다. 그는 그들을 관찰하기로 결심했다.

마리우스는 벽장 위에 올라서서 그 구멍에 눈을 댔다. 종드레뜨 가족의 방은 세간 없고 깔끔한 마리우스의 거처와 달리 더럽고 불결한 냄새가 났다. 가구라고는 부서진 식탁과 의자, 그리고 두

개의 더러운 침대가 전부였다. 식탁 위에는 금이 간 접시들이 몇 개 놓여 있었다. 거기에 한 노인이 앉아서 파이프 담배를 피우며 편지를 쓰고 있었다. 벽난로 옆에는 한땐 붉었지만 이젠 희끗희끗해지는 머리의 덩치 큰 여자가 앉아 있었다. 그리고 마르고 아파 보이는 한 소녀가 침대 하나에 앉아 있었다. 마리우스는 그 광경을 보고 우울해졌다.

p. 64-65 마리우스가 엿보는 것을 그만두려고 할 때, 갑자기 그의 방에 왔던 그 아가씨가 종드레뜨 가족의 방으로 뛰어 들어왔다.

"그가 와요." 그녀가 즐겁게 소리쳤다.

"누가 온다는 거냐?" 그녀의 아버지가 물었다.

"매일 딸과 교회에 다니는 그 노인이요. 거리에서 그들을 보았는데, 그가 오고 있어요. 아버지께 말씀 드리려고 전 먼저 달려왔어요. 2분만 있으면 그들이 올 거예요."

147

"잘했다, 애야."라고 종드레뜨 씨가 말했다. "서둘러! 난롯불을 꺼라!"
그 아가씨는 종드레뜨 씨가 발로 의자를 부수는 동안 불 위에 물을 부었다. 그는 작은 딸에게 창문을 깨라고 했다. 그 소녀는 주먹으로 유리를 깼고 팔을 아주 심하게 베었다. 그녀는 피범벅이 된 채 침대로 달려갔다.
"잘했다. 우리가 더 비참해 보일수록 그 친절한 신사가 우리에게 더 많은 돈을 줄 거야."
그러고 나자 문을 두드리는 소리가 들렸다. 종드레뜨 씨는 문을 열고 바닥에 닿을 정도로 몸을 숙여 인사했다. 노인과 젊은 아가씨가 방으로 들어왔다.
마리우스는 깜짝 놀랐다. 공원에서 보았던 그 노인이었던 것이다! 그리고 자기가 사랑하게 된 바로 그 아가씨였던 것이다!

p. 66-67 노인은 종드레뜨 씨에게 꾸러미를 하나 건넸다. "여기 당신 가족을 위해 따뜻한 옷과 담요를 가져왔소."

"감사합니다, 선생님. 보시다시피 저희에겐 먹을 것도 불도 없답니다. 제 아내는 몹시 아프고, 딸아이는 일하고 있는 공장에서 팔을 다쳤지요."
팔을 다친 소녀는 고통스럽게 비명을 질렀다. 친절한 노인은 주머니에서 동전 하나를 꺼내 식탁 위에 놓았다.
"지금 갖고 있는 건 5프랑뿐이오. 이따가 저녁에 더 많은 돈을 갖다 주겠소."
그들이 떠난 후 마리우스는 방을 나가 그들을 뒤쫓아 가려고 했다. 그는 그 아름다운 아가씨가 어디에 사는지 알아야 했다. 그러나 종드레뜨의 딸이 다시 그의 방문 앞에 있었다. 그녀는 그의 방으로 들어왔다.
"뭘 원하죠?" 그녀에게 짜증이 난 마리우스가 물었다.
"당신은 오늘 아침에 우리에게 친절을 베풀었잖아요. 이제 내가 당신에게 친절을 베풀어 주고 싶어요." 그녀는 무언가 암시하는 듯한 태도로 말했다. "당신을 위해 뭔가 하고 싶어요."
마리우스는 잠시 생각해 보았다.
"방금 당신 집을 방문한 그 노인과 아가씨의 집 주소를 알고 있나요?"
그녀는 실망한 듯 보였지만 이렇게 말했다. "아뇨. 하지만 당신이 원한다면 제가 알아볼 수 있어요."

p. 68-69 종드레뜨의 딸이 나가자, 마리우스는 자신이 그 정체 모를 아가씨에 대한 감정에 사로잡혀 있다는 걸 알았다. 그때 벽에 난 구멍으로 종드레뜨 씨의 목소리가 들렸다. 그는 찬장 위로 다시 뛰어 올라가 귀를 기울였다.
"그 사람들이 확실해요?" 종드레뜨 부인이 물었다.
"분명 그 두 사람이었어. 8년이나 지났지만 확실해."
"그 아이라고요?" 종드레뜨 부인이 말했다. 그녀의 목소리엔 증오가 가득했다. "당신이 잘못 본 거예요. 그 아이는 못생겼었는데, 이 아가씨는 예쁘잖아요."
"분명히 얘기하는데, 똑같은 사람이라니까." 종드레뜨 씨가 말했다. "그리고 그들은 우리에게 또다시 많은 돈을 가져다 줄 거

148

야! 그 노인이 6시에 다시 오면, 친구들을 이리로 불러서 그가 가진 돈을 모두 내놓게 만들겠어. 그렇지 않으면 그는 두 다리로 걸어서 이 방을 나가지 못할걸." 그러더니 종드레뜨 씨는 심술궂게 웃었다.

마리우스는 노인과 자신이 사랑하는 아가씨를 구해야 한다는 걸 알았다. 그는 가장 가까운 경찰서로 가서 서장과 면담하고 싶다고 요청했다.

"서장님은 출타중이시오."라고 한 경찰이 말했다. "내가 다음 책임자요. 나는 자베르 경감이오. 무슨 일이죠?"

p. 70-71 마리우스는 종드레뜨의 극악무도한 계획을 경감에게 털어놓았다. 주소를 듣자 자베르의 눈이 반짝였다. 그는 마리우스에게 작은 총을 주었다.

"문제가 시작되는 소리가 들리면 창밖으로 이걸 쏘시오. 나는 근처에서 부하들과 함께 안으로 들어갈 신호를 기다리고 있겠소."

자기 방으로 돌아온 마리우스는 초조하게 기다렸다. 벽 반대편에선 종드레뜨 씨가 난로 속에 금속 막대를 넣고 길고 날카로운 칼을 준비하고 있었다. 그는 재빨리 탈출해야 할 경우를 대비해 창밖에 줄사다리를 걸었다.

정확히 6시에 문이 열리고 노인이 들어왔다. 그는 식탁 위에 동전 4개를 놓았다. "이건 방세와 음식을 살 돈이오. 자, 뭐 또 필요한 게 있소?"

몇 분간 이야기를 나눈 후 종드레뜨 씨는 친구들을 불러들였다. 금속 막대로 무장한 세 남자가 방 안으로 뛰어들었다. 노인은 부서진 의자를 들고 싸울 태세를 했다. 마리우스는 총을 쏠 준비를 했다.

"나를 몰라보겠나?" 종드레뜨 씨가 그 노인에게 물었다.

"모르겠는데." 노인이 대답했다.

"내 진짜 이름은 종드레뜨가 아니라 테나르디에다. 이제 날 알겠나?"

노인은 몸을 떨었다.

p. 72-73 '테나르디에'라는 이름을 듣는 순간 마리우스는 서 있던 찬장에서 떨어질 뻔했다. 그것은 아버지의 생명을 구해 주었던 사람의 이름이었다. 갑자기 그는 계획했던 대로 형사들을 부르기 위해 총을 쏠 수가 없었다.

"8년 전, 당신은 우리한테서 코제트를 데려갔지. 그 아이는 우리에게 많은 돈을 벌어 주고 있었어. 당신이 모든 문제의 원흉이야."

"당신은 더러운 범죄자에 불과해." 노인이 말했다.

"내가 범죄자라고 생각하나? 나는 워털루 전쟁에서 한 장교의 목숨을 구했다고! 나한테 혼 좀 나봐라!"

노인은 창밖으로 뛰어내리려 했지만, 세 남자가 그를 붙잡아 내렸다. 마리우스는 어찌할 바를 몰랐다. 테나르디에는 긴 칼을 꺼냈다. 그는 노인을 죽일 준비를 하고 있었다. 그런데 갑자기 문이 홱 열리더니 자베르 경감이 15명의 경찰과 함께 나타났다. 그들은 방 안에 있던 모든 사람들을 체포하기 시작했다. 혼란의 와중에 노인은 가까스로 창밖으로 탈출했다. 그는 사람들이 자기가 사라진 걸 알아차리기 전에 자취를 감췄다.

149

[제 4 장] **연인들 그리고 혁명**

p. 76-77 마리우스는 아버지의 바람을 존중하는 마음에서 테나르디에에게 불리한 증거를 제공하고 싶지 않았다. 마리우스는 자신의 방에서 나가 친구 앙졸라의 집으로 이사했다.

어느 날 마리우스는 자신의 사랑을 꿈꾸며 시냇가에 앉아 있었는데, 그때 귀에 익은 목소리가 들렸다. 그는 고개를 들고 테나르디에의 딸인 에포닌을 알아보았다.

"결국 당신을 찾았군요." 그녀가 말했다. "여기저기 당신을 찾아 다녔어요."

마리우스는 그녀에게 아무 말도 하지 않았다.

"나를 만난 게 기쁘지 않은가 보군요." 그녀가 말했다. "하지만 내가 원하면 당신을 행복하게 해줄 수 있어요."

"어떻게요?"

"당신이 원하는 주소를 가지고 있거든요."

그의 심장이 약간 뛰었다. 그는 자리에서 벌떡 일어나 그녀의 손을 잡았다.

"당장 가 봅시다!" 그가 소리쳤다. "그리고 당신 아버지에겐 절대 주소를 말하지 않겠다고 약속해요!"

그날 밤 코제트는 1년 전 장발장이 사 놓은 집에 혼자 있었다. 그것은 조그만 야생 정원이 딸린, 뒷골목에 있는 작은 집이었다. 장발장은 볼일을 보러 나갔고 그녀는 피아노를 치고 있었는데, 그때 그녀는 정원에서 나는 발소리를 들었다. 그녀가 밖을 내다보았을 때 정원은 텅 비어 있었다.

p. 78-79 다음날 아침 코제트는 근처 벤치에 돌 하나가 놓여 있는 것을 발견했다. 그것을 집어 들었을 때, 그녀는 사랑의 시가 가득 적힌 작은 공책이 든 봉투를 볼 수 있었다. 그녀는 그 시들을 되풀이해서 읽었으며, 그 시들의 모든 것이 마음에 들었다. 그녀는 뤽상부르 공원에서 항상 자신을 지켜보던 잘생긴 젊은이를 기억해냈다. 그리고 이 시들이 그가 보낸 것임을 알았다.

그날 밤 코제트는 가장 멋진 드레스를 입고 머리를 아름답게 손질했다. 그런 다음 정원으로 가서 기다렸다. 갑자기 그녀는 누군가 자신을 지켜보고 있다는 느낌을 받았다. 바로 그였다! 그의 몸은 그녀가 기억하는 것보다 말랐고 피부는 더 창백했다. 그러나 바로 그였다.

"아주 오랫동안 당신을 따라다닌 나를 용서해 주시오. 하지만 공원에서 당신이 나를 바라 본 그 날부터 나는 당신 없이 방황했습니다." 젊은이가 말했다.

코제트는 그의 말에 너무나 압도된 나머지 기절해서 뒤로 쓰러졌다. 그는 그녀를 붙잡아 품에 꼭 안았다.

"당신도 날 사랑하나요?" 그가 물었다.

"물론이죠." 그녀가 말했다. "당신도 내가 사랑한다는 걸 알잖아요."

그런 다음 두 사람은 키스를 나누고, 머리 위의 온 누리를 덮은 별들 밑에 앉았다.

p. 80-81 1832년 5월 한 달 동안 코제트와 마리우스는 그 숨겨진 작은 집 정원에서 매일 만났다. 하루 종일 두 사람은 손을 잡고 서로의 눈을 응시했다. 마리우스는 행복에 겨워 미친 것 같다는 생각이 들었다.

별들이 가득한 어느 아름다운 저녁, 마리우스는 코제트가 아주 불행한 얼굴로 정원에 앉아 있는 것을 발견했다.

"무슨 일이에요?" 마리우스가 물었다.

"아버지가 다시 이사를 해야 한대요. 아버지는 모든 짐을 싸서 일주일 후에 영국으로 떠날 준비를 하라고 말씀하셨어요."

"그분과 함께 갈 건가요?" 마리우스가 그녀에게 차갑게 물었다.

"제가 달리 뭘 할 수 있겠어요?"

"당신은 날 떠나려고 하는군요."

"아, 마리우스, 그런 잔인한 말은 하지 말아요." 그녀가 말했다. "당신도 갈 수 있어요."

"하지만 난 가난해요." 그가 소리쳤다. "영국에 가려면 돈이 필요해요. 하지만 좋은 생각이 있어요. 내일은 여기 못 올 거예요."

"왜요?" 코제트가 외쳤다. "뭘 하려고요?"

"걱정 말아요. 모레는 돌아올게요. 늦어도 저녁 9시까지는 이곳에서 당신을 만날 거예요. 약속해요."

p. 82-83 마리우스의 할아버지 질노르망 씨는 이제 아흔 살이었다. 그는 몇 년 동안 손자를 보지 못해서 몹시 불행했다. 그는 자존심이 너무 강해 자신이 잘못했다는 걸 인정할 수 없었지만, 속으로는 사랑하는 손자가 언젠가 돌아오길 바라고 있었.

6월의 어느 날 저녁, 질노르망 씨는 난롯불을 응시하며 마리우스에 대해 슬픈 생각을 하고 있었다. 갑자기 하인이 들어오더니 "마리우스 도련님의 방문을 허락하시겠습니까?"라고 물었다.

노인은 잠시 몸을 떨더니 조용한 목소리로 "들여보내게."라고 말했다.

젊은이가 들어서자 그가 물었다. "여긴 무슨 일이냐? 내게 사과하러 왔느냐?"

"아닙니다, 할아버지." 마리우스는 좌절감을 억누르며 말했다. "할아버지께 제 결혼을 승낙해 달라고 부탁드리러 왔습니다."

"그래, 이제 스물한 살이니까 결혼을 하고 싶다 이거지. 요즘 돈은 얼마나 버느냐?"

"전혀요."

"그럼 그 여자가 돈이 많은 게로구나."

"잘 모르겠습니다."

"스물한 살에 직업도 돈도 없단 말이지. 네 아내는 시장에 갈 때 잔돈을 잘 세야겠구나."

"제발, 할아버지! 저는 그녀를 아주 많이 사랑합니다. 저희를 축복해 주세요!"

노인은 정떨어진다는 듯 웃으며 "꿈도 꾸지 마라!" 하고 말했다.

p. 84-85 마리우스는 우울하고 지쳤다. 앙졸라의 아파트로 돌아왔을 때, 앙졸라는 혁명당원 동지들 몇 명과 함께 있었다. 정부군과 혁명군 사이에 곧 거리 전투가 벌어지려는 참이어서 그 무리는 아주 흥분해 있었다.

그들이 떠난 후 마리우스는 자베르 경감이 2월에 자신에게 준 권총을 꺼냈다. 그는 그것을 주머니에 넣고 거리를 방황했다. 9시에 그는 그녀의 정원으로 기어 들어갔지만, 약속과 달리 그녀는 거기에 없었다. 집 안에는 불빛이 전혀 없었고 창문도 닫혀 있었다. 마리우스는 너무 화가 나서 주

151

먹으로 담을 쳤다.

기운이 다 빠지자 그는 자리에 앉았다. "그녀가 가 버렸어." 하고 그는 혼자 중얼거렸다. 이제 죽는 것 말고는 할 일이 없었다.

그때 거리에서 "마리우스 씨!" 하며 그의 이름을 부르는 목소리가 들렸다.

"뭐요?" 그가 대답했다.

"마리우스 씨, 당신 친구들이 샹브레리 가에 있는 바리케이드에서 당신을 기다리고 있어요. 곧 군인들과 싸울 거예요."

담 너머로 올려다 봤을 때, 마리우스는 테나르디에의 딸인 에포닌의 모습이 어둠 속으로 급히 사라지는 것을 보았다.

p. 86-87 1832년 봄, 파리는 혁명 중이었다. 폭정을 일삼던 샤를 10세가 1830년 평화 혁명으로 쫓겨나자 루이 필립 왕이 왕권을 쥐었다. 새 지도자는 가난한 사람들의 요구와 그들의 힘, 그리고 언론 자유의 개념을 이해하지 못했다. 그는 종종 군인들을 보내 공개적으로 항의하는 시민들을 공격했다.

노동자와 가난한 사람들의 분위기가 한껏 불타올랐다. 라마르크 장군이 사망하자 그들의 불만은 폭발했다. 라마르크 장군은 민주주의와 나폴레옹의 충실한 지지자였기 때문에 프랑스 사람들에게 인기가 높았다. 장례식은 조용하게 시작되었지만, 대규모 시위대가 군인들에게서 관을 빼앗으려고 하자 총이 발사되고 시민들이 죽기 시작했다. 파리는 전시상태로 접어들었다.

앙졸라와 그의 친구들은 시장 지역에 있는 한 와인 가게 밖에 바리케이드를 치기 시작했다. 그들이 일하고 있을 때, 머리가 희끗하고 키가 큰 낯선 남자가 그들 쪽으로 합류했다. 몇몇 소년들도 그들의 분투에 합류했다. 그들 중엔 에포닌도 있었다. 그녀는 그곳에 남아 그들의 투쟁을 돕는 걸 허락받기 위해 소년 복장을 하고 있었다.

p. 88-89 바리케이드 설치가 끝났을 때 앙졸라와 그의 부하들은 휴식을 취했다. 그들은 50명이었고, 6만 명의 군인들에 대항해 싸울 준비를 하고 있었다. 그들이 이길 가망성은 없었고, 그들도 그것을 알고 있었다.

그들이 앉아서 포도주를 마시고 있을 때, 앙졸라는 흰 머리에 키가 큰 그 낯선 남자를 스파이로 의심하기 시작했다. "당신은 우리를 감시하기 위해 이곳에 파견된 경찰이오. 인정하시오!"라고 앙졸라가 말했다.

그 남자는 그것을 부인하려고 했다. 그러나 결국 사실을 인정했다. 그는 경찰 스파이였다.

"내 이름은 자베르다."라고 그 남자가 말했다.

앙졸라는 그를 포로로 잡아 기둥에 묶었다. 그런 다음 그에게 말했다. "우린 바리케이드가 무너지기 2분 전에 당신을 총살할 것이오."

마리우스가 바리케이드 가까이 갔을 때 군인들이 공격을 시작했다.

총알이 사방으로 씽씽 날아다녔다. 마리우스는 앙졸라가 어느 군인의 공격을 받는 걸 보았다. 그는 주머니에서 총을 꺼내 그 군인을 죽였다. 그러나 그가 앙졸라를 구하고 있는 사이 다른 군인이 자신에게 총을 겨누는 걸 보지 못했다. 그 군인은 총을 발사했는데, 그 순간 한 소년이 마리우스를 구하기 위해 총 앞으로 뛰어들었다. 사방에 죽은 혁명군과 군인들 시체가 널려 있었다.

p. 90-91　한동안 전투를 벌인 후 군인들이 바리케이드의 윗부분을 점령했다. 그때 모든 사람들이 "물러나라. 그렇지 않으면 이 화약통을 폭파시키겠다. 그러면 우리 모두 죽게 될 것이다!"라고 외치는 소리를 들었다. 바로 마리우스였다. 그가 횃불을 화약통 쪽으로 내리자 모든 군인들이 후퇴했다.

앙졸라는 마리우스를 보자 미칠 듯이 기뻤고, 두 사람은 얼싸 안았다. 그때 마리우스는 희미한 목소리로 자신의 이름을 부르는 소리를 들었다. 고개를 숙여 보니, 소년의 옷을 입고 피범벅이 된 에포닌이 보였다.

"걱정 말아요." 그가 그녀에게 말했다. "당신을 도와줄 의사를 데려오겠소!"

"아뇨, 너무 늦었어요." 그녀가 말했다. 피가 붉은 포도주처럼 그녀의 몸에서 흘러나왔다. 그녀는 머리를 그의 무릎에 올려놓고 자기가 죽으면 이마에 키스해 달라고 부탁했다. 마리우스는 그러겠다고 말했다.

그러자 그녀가 말했다. "당신에게 거짓말을 할 수가 없군요. 제 주머니에 코제트가 당신에게 전해 달라고 부탁한 편지가 있어요. 그녀에게 너무 질투가 나서 그 편지를 갖고 있으려고 했어요. 당신을 사랑하니까요."

그러고 나서 그녀는 숨을 거두었고, 마리우스는 그녀의 이마에 입을 맞췄다. 그는 코제트의 편지를 읽었다.

사랑하는 마리우스
우리는 지금 이 집을 떠나야 해요. 오늘 밤 옴므 아르미 거리 7번지로 갈 거예요. 일주일 후에는 영국으로 갈 거고요. 다시 만나길 바라요.

내 모든 사랑을 보내며
6월 4일. 코제트

p. 92-93　마리우스는 그 편지에 입을 맞췄다. 그는 여전히 이 혁명의 밤에 죽을 것이라고 생각했지만, 그녀에게 마지막 편지를 보내야만 한다고 결심했다. 그는 노트를 꺼내 이렇게 적었다.

사랑하는 코제트
우리의 결혼은 불가능해요. 할아버지께서 승낙하길 거부하셨어요. 당신을 만나려고 애썼지만, 이미 떠나 버렸더군요. 이곳 상황은 아주 나빠요. 난 오늘 밤 죽게 될 거요. 당신을 영원히 사랑합니다. 그리고 내 영혼은 늘 당신 곁에 있을 거예요.

영원한 사랑을 보내며
마리우스

그런 다음 그는 편지를 접고 그 위에 그녀의 주소를 적었다. 한 작은 소년이 지나가자, 마리우스는 그에게 편지를 그 주소지로 빨리 전해 달라고 말했다. 소년은 편지를 들고 재빨리 어둠 속으로 달려갔다.

장발장은 몹시 화가 나 있었다. 그와 코제트는 처음으로 말다툼을 벌였다. 그녀는 그 집에서 이사하고 싶지 않았다. 지금 새로 이사한 집에서 그들은 서로 말도 하지 않은 채 잠자리에 들었다.

다음날 장발장은 도시에서 싸움이 일어났다는 소식을 들었다. 그러나 그는 신경 쓰지 않았다.

그는 그들이 곧 영국에 도착할 생각을 하니 행복했다. 그런데 무언가가 그의 눈길을 사로잡았다. 그는 거울을 통해 코제트가 써 놓은 편지의 잉크를 말리기 위해 사용했던 압지를 볼 수 있었다. 그는 그것을 읽기 시작했고 그녀가 누군가와 사랑에 빠졌다는 걸 알았다.

p. 94-95 장발장은 자신이 지금까지 사랑해왔던 유일한 사람을 누군가가 빼앗아가고 싶어 한다는 사실에 화가 났고 배신감을 느꼈다. 그는 그 사람이 분명 뤽상부르 공원에서 자주 보았던 그 젊은이라는 걸 알았다. 심장이 증오로 부글부글 타는 가운데 그는 현관 계단으로 나갔다.

장발장은 이 남자에게 어떻게 복수할 수 있을지 궁리하고 있었는데, 그때 작은 소년이 코제트에게 전해 줄 편지를 들고 다가왔다. 그는 편지를 받아서 읽었다. "난 오늘 밤 죽게 될 거요."라는 말을 보고 그는 기뻤다. 그가 죽으면 문제가 해결될 것이다. 어쩌면 그는 이미 죽었을지도 모른다. 다음 순간 장발장은 코제트의 행복을 위해 자신이 이 남자를 구해야 한다는 걸 깨달았다. 이 남자가 세상 누구보다도 밉지만 말이다.

30분 후에 장발장은 낡은 국민군의 군복을 입고, 주머니에 장전된 총을 넣고, 파리의 시장 지역을 향해 출발했다.

그날 밤 37명의 혁명군이 바리케이드 뒤에 살아남았다. 그들은 시체들을 모으면서 4벌의 국민군 군복을 발견했다. 그 군복들은 그들의 무리 중 결혼한 사람들이 위장을 하는 데 쓰일 수 있을 것이다.

p. 96-97 그들은 누가 뒤에 남아서 싸울 것인지를 두고 논쟁을 벌이기 시작했다. 왜냐하면 결혼한 사람은 5명 있었지만 군복은 4벌뿐이었기 때문이다. 각자 희생하고 싶어 했다. 그때 그들 앞에 5번째 군복이 떨어졌다. 그것은 장발장의 것이었다. "이제 5명 모두 떠날 수 있을 거요."라고 그가 말했다. 그는 바리케이드 뒤에서 그 무리에 합류했다. 곧 군인들이 그들에게 포탄을 발사하기 시작했다. 공격을 받아 바리케이드가 무너지기 시작했다.

싸움이 시작되자 장발장은 자신이 자베르 경감을 처형할 사람이 될 수 있는지 물었다. 앙졸라는 이렇게 말했다. "우리에게 그 군복을 주었으니 보상을 받을 자격이 있습니다. 그렇게 하세요. 그를 골목 뒤로 데려가서 총살하십시오."

장발장은 자베르를 골목으로 데려갔다. 근처의 시체더미 위에 죽은 에포닌의 시체가 있었다. "저 아가씨가 누구인지 알 것 같군." 자베르는 피할 수 없는 운명이라고 각오하며 슬프게 말했다. "이제 복수하시오."

장발장은 총을 뽑아 허공에 쏘았다. 그런 다음 그는 칼을 꺼내 자베르의 손목에 묶여 있던 밧줄을 끊었다. "가도 좋소."라고 그가 말했다.

"당황스럽군." 자베르가 말했다. "차라리 날 죽였으면 좋겠소."

[제 5 장] **구원**

p. 102-103 군인들은 인원을 모아 바리케이드로 돌격했다. 반군들이 모두 한 명씩 쓰러졌다. 마리우스는 어깨에 총을 맞고 누군가 자신을 붙잡는 것을 느꼈다. 그는 의식을 잃으면서 자기가 군인들에게 붙잡혀서 처형 당할 거라고 생각했다. 앙졸라는 총알이 빗발치는 가운데 도전적으로 칼

을 휘둘렀다. 그는 혁명군 중 마지막으로 숨을 거두었다.

마리우스는 포로가 되지 않았다. 그가 총에 맞아 의식을 잃자, 장발장이 그를 붙잡아서 바리케이드 뒤에 있는 골목으로 끌고 갔다.

전진하는 군인들로부터 도망칠 수 있는 길은 없는 것 같았다. 장발장은 주위를 둘러보다가 해결책을 찾았다. 거리에 철판으로 덮인 구멍이 있었다. 장발장은 그 철판을 들어 올리고 마리우스를 어깨에 둘러맨 다음 파리의 하수구로 기어 내려갔다.

그 밑은 미끄럽고 어두웠다. 장발장은 애써 마리우스를 둘러메고 흐르는 하수도 물을 따라 자기 앞에 펼쳐진 어둠 속으로 터벅터벅 걸어갔다.

한참을 걸은 후에 그는 휴식을 취해야 했다. 그는 피가 흐르는 마리우스의 상처에 붕대를 감기 위해 걸음을 멈췄다. 젊은이의 호주머니에서 그는 쪽지 하나를 발견했다.

나는 마리우스 퐁메르시입니다. 내 시신은 마레 지구 피이-데 칼베르 가 6번지에 있는 제 할아버지 질노르망 씨 집으로 보내 주십시오.

p. 104-105 장발장은 그 주소를 외우고는 계속 하수도를 따라 강을 향해 걸어갔다. 몇 시간이 지난 후 그는 긴 터널 끝에서 빛을 볼 수 있었다. 그러나 그가 그곳에 도착해 보니, 하수구와 그들의 자유 사이에 놓인 철문은 잠겨 있었다. 장발장은 절망스럽게 절규했다. 빠져나갈 길은 없었다.

그때 그는 어깨에 닿는 손길을 느꼈다. 바로 테나르디에 씨였다. 그는 감옥에서 하수구로 탈출했던 것이다. 그는 장발장에게 자신이 훔친, 잠긴 철문의 열쇠를 보여주었다.

"난 당신이 이 남자를 죽이는 것을 보았소." 테나르디에가 말했다. "당신이 그의 호주머니에서 훔친 것을 절반만 준다면 이 문으로 당신을 내보내 주겠소."

장발장은 아무 말도 하지 않았다. 그는 주머니에서 30프랑을 꺼내 테나르디에게 주었다. "이까짓 돈 때문에 사람을 죽이다니. 허탕쳤군!" 하고 말하며 테나르디에는 철문을 열고는 쥐새끼처럼 하수구 쪽으로 허둥지둥 달아났다.

장발장은 강둑을 타고 지상으로 올라갔다. 그곳에서 그는 마리우스 얼굴에 물을 끼얹어 주기 위해 잠시 멈춰섰다. 그러나 그곳에는 또 한 사람이 서 있었다. 바로 자베르였다. 그 경감은 테나르디에가 탈옥한 후 그의 뒤를 쫓고 있었다.

p. 106-107 "제발 이 남자를 집으로 데려갈 수 있도록 도와주시오. 이 사람은 심한 부상을 입었소."라고 장발장이 말했다. 자베르는 기분이 안 좋은 듯 보였지만 그를 도와주기로 했다. 그들은

마리우스를 마차에 태우고 마부에게 주소를 알려주었다. 질노르망 씨 저택의 정문 앞에서 장발장은 자베르에게 마리우스를 안으로 데려다 준 후에 자신을 체포해도 좋다고 말했다. 그러나 장발장이 대기 중이던 마차로 돌아왔을 때 자베르 경감은 사라지고 없었다.

질노르망 씨는 마리우스의 맥 빠진 몸을 보고 외쳤다. "이 아이는 죽었어. 바보 같으니라고! 나를 벌주려고 이런 짓을 한 거야!"

그때 의사가 마리우스를 진찰했다. "살 수 있을지도 모릅니다."라고 의사가 말했다. "몸에 난 부상은 그리 심하지 않은데, 머리에 깊이 베인 상처가 있군요."

155

"아, 내 손자야!" 질노르망 씨는 기뻐서 소리쳤다. "어쨌든 살아 있구나!"
다음날 자베르의 시체가 강에서 발견되었다. 그는 장발장의 친절과 관대함을 이해할 수 없는 불행한 사람이었다. 그는 자살한 것이다.

p. 108-109 마리우스는 그 후 3달 동안 회복의 시간을 보냈다.

어느 날 그는 "할아버지, 전 아직도 코제트와 결혼할 계획이에요."라고 말했다.
"물론이지, 애야." 하고 질노르망 씨가 말했다. 그는 손자가 살아서 그에게 돌아오게 된 후로 훨씬 다정다감한 사람이 되었다. "모든 게 준비되었단다. 그 아이는 의사의 지시대로 네가 완전히 회복될 때까지 기다리고 있단다. 그 아가씨와 아버지를 알게 되었는데, 아주 매력적인 아가씨더구나."
마리우스는 너무나 기뻤다. 그날 늦게 코제트가 아버지와 함께 그를 방문하러 왔는데, 그 아버지는 묘하게 불안한 미소를 짓고 있었다.
두 사람의 결혼식은 이듬해 2월에 하기로 정해졌다. 행복한 이 한 쌍은 결혼 후 질노르망 씨와 함께 살기로 결정했다.
마리우스에게는 결혼 준비 이외에 해야 할 두 가지 중요한 일이 있었다. 그는 테나르디에를 찾고 싶었다. 비록 그 남자가 몹쓸 도둑이라는 걸 알고 있었지만, 마리우스는 아버지의 마지막 소원을 들어 주고 싶은 마음이 간절했다. 두 번째는 자신이 총에 맞은 그날 밤 자기 생명을 구해 준 사람을 그가 누구든 찾고 싶었다. 그는 종종 코제트와 장발장에게 그 얘기를 했지만, 장발장은 늘 침묵을 지켰다.

p. 110-111 결혼식 날 밤은 아주 멋졌다. 다만 코제트는 장발장이 몸이 안 좋다고 하면서 축하연이 시작되기 전에 집으로 돌아간 것이 마음에 걸렸다.
장발장은 집에서 울고 있었다. 그는 10년 전 자신이 테나르디에 부부로부터 구해낸 어린 소녀를 떠올리고 있었다. 그는 자기가 그녀의 삶에서 더 이상 가장 중요한 사람이 아니라는 사실이 몹시 슬펐다. 그리고 자신이 감옥에서 19년을 보냈고, 친절한 주교의 집에서 은식기를 훔친 범죄자 장발장이라는 사실을 기억했다. 코제트조차도 그에 대한 진실을 알지 못했다. 만약 그녀와 마리우스가 안다면, 그는 그들의 사랑과 존경을 잃게 될 것이다. 그러나 자기가 진실을 말하지 않는다면 자신의 영혼을 잃게 될 거라고 생각했다.
다음날 장발장은 마리우스와 얘기하러 찾아갔다. 그는 그 젊은이에게 자신의 모든 과거를 털어놓았다.
"그 아이에겐 말하지 않겠다고 약속해야 하네." 장발장이 말했다.
"말하지 않겠습니다. 하지만 더 이상 그녀의 주변에서 많은 시간을 보내시면 안 됩니다."라고 마리우스가 말했다.
"아, 하지만 가끔 그 아이를 볼 수 있게 해주게."라고 장발장은 애원했다. "그 아이가 없다면 내겐 살아갈 이유가 없다네."
"저녁에 잠깐씩 그녀를 방문하셔도 좋습니다."라고 마리우스는 말했다.

p. 112-113 저녁이면 장발장은 두 개의 의자와 벽난로가 있는 작은 방으로 코제트를 찾아가곤 했다. 그녀는 그에게 와서 자기들과 함께 살자고 간청했지만 그는 늘 거절했다. 심지어 그는 코제

트가 더 이상 자기를 '아버지'라고 부르지도 못하게 했다. "이제 네게는 남편이 있으니 아버지가 필요없단다."

하지만 그를 '장 아저씨'라고 부르게 되자, 그는 그녀에게 점점 다른 사람이 되어 갔다. 그녀는 그의 방문에 점점 응하지 않기 시작했다. 얼마 후 그들은 서로 방문하는 걸 완전히 그만두었다.

마리우스는 장발장이 코제트의 삶에서 사라져서 잘됐다고 생각했다. 장발장에 대해 개인적으로 조사해 본 마리우스는 장발장의 재산이 사라져 버린 부유한 마들린 시장의 것임을 알게 되었다. 이 사실을 알게 된 후 그는 코제트가 장발장이 준 돈을 한푼도 사용하지 못하게 했다.

그러던 어느 날 저녁, 하인이 마리우스에게 편지를 한 통 전해 주며 그 편지를 쓴 사람이 큰 방에서 기다리고 있다고 말했다. 그 편지는 싸구려 담배 냄새가 났고 글씨체도 눈에 익었다. 방문객을 만났을 때, 그는 테나르디에 씨임을 알고는 깜짝 놀랐다. 그 끔찍한 사내는 돈을 요구하기 위해 이곳에 온 것이었다.

p. 114-115 "당신 장인에 대해 알려줄 만한 흥미로운 정보가 있습니다."라고 테나르디에 씨가 말했다.

"그에 대해선 이미 알고 있소."라고 마리우스가 말했다.

"하지만 당신이 아내의 보호자라고 생각하는 그 남자는 사실 장발장이라는 살인자이자 도둑입죠."

"알고 있소." 마리우스가 말했다. "그가 마들린 시장이라는 부유한 공장 주인에게서 돈을 훔쳤고 자베르 경감을 처형했다는 것도 알고 있소."

"잘못 알고 계시는군요." 테나르디에가 말했다. "그는 마들린 시장의 돈을 훔치지 않았습니다. 그가 바로 마들린 시장이니까요! 그리고 그는 자베르 경감을 죽이지 않았습니다. 자베르는 자살했어요."

테나르디에는 마리우스에게 자기가 가지고 있던, 경감의 자살에 대한 기사가 실린 신문지 조각을 보여주었다. "하지만 그자는 젊은이 한 명을 죽였지요. 그 젊은이의 시체를 그가 하수구에서 옮기는 걸 내가 봤어요. 증거로 그 젊은이의 코트 조각도 갖고 있습죠."

그러면서 테나르디에는 마리우스에게 피투성이의 코트 조각을 보여주었다. 마리우스는 그것이 자기 것임을 알았다.

"그 젊은이가 바로 나요!" 마리우스가 외쳤다.

그는 문득 장발장이 자신의 생명을 구해 준 사람이라는 걸 깨달았다.

p. 116-117 마리우스는 테나르디에에게 남은 딸 아젤마를 미국으로 데려가 새로운 삶을 시작할 수 있을 만큼 충분한 돈을 주었다. 그런 다음 그는 코제트에게 달려가 그녀에게 모든 사실을 털어놓았다.

"당신 아버지가 나를 구해 준 분이었소! 당장 그분께 갑시다!"

그들이 장발장의 방문을 두드리자, "들어오시오."라고 말하는 희미한 목소리가 들렸다.

"아버지." 코제트가 외쳤다. 그녀는 의자에 주저앉아 있는 노인에게 달려갔다.

157

"그러니까 나를 용서하기로 한 거구나."라고 장발장이 말했다.

마리우스는 죄책감과 부끄러움에 눈물을 흘렸다. "아, 정말 부끄럽습니다. 장발장 씨, 왜 제 생명을 구해 주셨다고 말씀하지 않으셨어요?"

"난 자네가 쓸모없는 범죄자에게 은혜를 갚는 것을 원치 않았다네."라고 장발장이 말했다.

"우리와 함께 가서 살아요."라고 마리우스가 말했다.

"이번엔 거절하시면 안 돼요."라고 코제트가 말했다. 하지만 그녀가 그의 손을 잡았을 때, 그 손은 아주 차가웠다. "아, 어디 아프세요, 아버지?"

p. 118-119 "아니, 아프지 않다." 장발장이 말했다. "난 죽어가고 있는 거란다. 하지만 죽는 건 아무 것도 아니야. 살지 않는 게 끔찍한 일이지."

장발장의 호흡이 힘들어졌다. 그는 가까이 있는 테이블을 가리켰다.

"코제트, 네가 이 은 촛대들을 가지면 좋겠구나. 그것을 내게 준 분이 지금 우리를 지켜보고 계실 거야. 그분이 흡족하시길 바란다. 자, 코제트, 네 어머니에 대해 얘기해 줄 때가 되었구나. 그녀의 이름은 팡틴이란다. 잊지 말거라. 그녀는 너를 너무나 사랑했고 큰 고통을 받았어. 그녀의 슬픔은 지금 너의 큰 행복만큼 컸단다. 신은 그런 식으로 모든 것의 균형을 맞추시지. 이제 난 너희들 곁을 떠나겠지만, 항상 서로 사랑할 것을 잊지 말아라. 사랑이야말로 인생에서 가장 중요한 거란다."

코제트와 마리우스는 장발장 옆에 무릎을 꿇고, 그의 입술에서 마지막 숨이 흘러나올 때 눈물을 흘렸다. 두 개의 촛대가 비추는 불빛 속에서 그들은 그의 얼굴에 어린 평화로운 미소를 볼 수 있었다.

〈행복한 명작 읽기〉 집필진

Scott Fisher
Seoul National University (M.A. - Korean Studies)
Michigan State University (Asian Studies)
Ewha Womans University, Graduate School of Translation and Interpretation, English Professor

David Hwang
Michigan State University (MA - TESOL)
Ewha Womans University, English Chief Instructor, CEO at EDITUS

Louise Benette
Macquarie University (MA - TESOL)
Sookmyung Women's University, English Instructor

Brian J. Stuart
University of Utah (Mass Communication / Journalism)
Sookmyung Women's University, English Instructor

David Desmond O'Flaherty
University of Carleton (Honors English Literature and Language)
Kwah-Chun Foreign Language High School, English Conversation Teacher

Michael Souza
University of California, Davis (B.A. Anthropology)
California State University, Dominguez Hills (M.A. Humanities)
Elementary school teacher, Sacramento, California Freelance Writer

Silayan Casino
University of Hawaii (International Studies: Western Europe; German Language & Literature, M.A.)
Woosong University, English Instructor

Steve Homer
Northwestern University, B.S. in Journalism (Honors graduate, class of 1988)
YBM Inc. Editorial Department, Senior Writer and Editor Freelance Writer and Editor

---

행복한 명작 읽기 | 39 | Grade 4

레 미제라블
Les Miserables

원작 Les Miserables **각색** Michael Robert Bradie
펴낸이 정규도 **펴낸곳** (주)다락원

초판 1쇄 발행 2006년 6월 25일 초판 9쇄 발행 2023년 11월 23일

책임편집 김지영, 김명진 **디자인** 손혜정, 박은진
그림 An Ji-yeon **녹음** Christopher Hughes, Michael Yancey, Anna Paik **번역** 한은숙

다락원 경기도 파주시 문발로 211
Tel (02)736-2031 (출판부: 내선 521 영업부: 내선 250~252) Fax 02)732-2037
출판등록 1977년 9월 16일 제406-2008-000007호
Copyright ⓒ 2006, 다락원

저자 및 출판사의 허락 없이 이 책의 일부 또는 전부를 무단 복제·전재·발췌할 수 없습니다.
잘못된 책은 바꿔 드립니다.

ISBN 978-89-5995-070-6 48740

http://www.darakwon.co.kr
- 다락원 홈페이지를 방문하시면 상세한 출판 정보와 함께 동영상 강좌, MP3 자료 등 다양한 도서의 어학 정보를 얻으실 수 있습니다.

Greek Roman Myths
영어로 읽는 그리스 로마 신화
전 12권

신화의 아버지 토마스 불핀치의 "The Age of Fable"을 바탕으로 그리스 로마 신화를 쉽고 재미있게 영어로 재구성한 읽기 시리즈. 세상과 신들의 탄생 이야기, 신과 영웅들의 흥미진진한 모험담 등을 통해 신화의 세계에 푹 빠져 보자. 영어 실력이 쑥쑥 자라는 본책과 해설집, 그리고 원어민이 녹음한 드라마 형식의 음원으로 구성되어 있다.

신화 들어가기 - 초급자용 500단어

❶ 세계와 신들의 탄생 (The Origin of Gods)
❷ 올림푸스의 신들 (The Gods of Olympus)
❸ 제우스의 분노 (The Anger of Zeus)
❹ 영웅 헤라클레스 (Hercules)
❺ 에우로페와 카드모스 (Europa and Cadmus)
❻ 트로이 전쟁 (The Trojan War)

본책 각 7,000원

신화 즐기기 - 중급자용 1,000단어

❶ 에로스와 프쉬케의 사랑 (The Love Story of Eros and Psyche)
❷ 아폴론과 다프네의 사랑 (The Love Story of Apollo and Daphne)
❸ 제우스의 연인들 (Zeus's Lovers)
❹ 아폴론의 전차 (Apollo's Chariot)
❺ 마이다스의 손 (The Midas Touch)
❻ 나르키소스와 에코 (Narcissus and Echo)

본책 각 7,000원